PROCESOS BÁSICOS DE PASTELERÍA Y REPOSTERÍA. FORMULACIÓN

D1927780

DAVID BLANCO SOTO

PROCESOS BÁSICOS DE PASTELERÍA Y REPOSTERÍA. FORMULACIÓN

PROCESOS BÁSICOS DE PASTELERÍA Y REPOSTERÍA. FORMULACIÓN.

PROCESOS BÁSICOS DE PASTELERÍA Y REPOSTERÍA. FORMULACIÓN

© 2019 David Blanco Soto. Todos los derechos reservados.
ISBN 978-0-244-84142-3

En este libro muestro la guía básica de las principales fórmulas o recetas que usamos cuando impartimos el Módulo de Procesos Básicos de Pastelería y Repostería, en nuestra aula-taller de cocina y pastelería, y una exposición bastante interesante de lo que podemos trabajar dentro de nuestra empresa de restauración. Teniendo en cuenta siempre la **Orden del 9 de Octubre de 2008** por la que se desarrolla el **currículum del Título de Técnico en Cocina y Gastronomía**, he estudiado y recogido el trabajo que va en consonancia con los Resultados de Aprendizaje y contenidos mostrados en dicha Orden.

Siendo fiel al efecto de la formación, y enfocando este libro también como apoyo hacia los que desean realizar sus propias elaboraciones en casa, muestro diversidad de recetas de obrador y restaurante, paso a paso, para que encontremos en ellas momentos divertidos y aptos para la motivación.

PROCESOS BÁSICOS DE PASTELERÍA Y REPOSTERÍA. FORMULACIÓN

ÍNDICE

MASAS BATIDAS O ESPONJADAS

MASAS ESCALDADAS

MASAS FERMENTADAS

PROCESOS BÁSICOS DE PASTELERÍA Y REPOSTERÍA. FORMULACIÓN

MASAS AZUCARADAS

PROCESOS BÁSICOS DE PASTELERÍA Y REPOSTERÍA. FORMULACIÓN

MASAS Y PASTAS SALADAS

CREMAS DE RELLENO DULCES Y SALADAS

JARABES, ALMÍBARES, AZÚCARES Y CARAMELOS

PROCESOS BÁSICOS DE PASTELERÍA Y REPOSTERÍA. FORMULACIÓN

LICORES

PROCESOS BÁSICOS DE PASTELERÍA Y REPOSTERÍA. FORMULACIÓN

Resultados de aprendizaje que tenemos en cuenta para el desarrollo del trabajo en el aula-taller de pastelería y repostería

RA1. Realiza las operaciones previas a las elaboraciones de pastelería y repostería, analizando las fichas técnicas.

RA2. Pone a punto los equipos de elaboración de pastelería y repostería, reconociendo los dispositivos y funcionamiento de los mismos.

RA3. Realiza operaciones básicas de pastelería y repostería reconociendo y aplicando los diversos procedimientos.

RA4. Obtiene masas y pastas de múltiples aplicaciones, justificando su composición y aplicando las técnicas relacionadas

RA5. Obtiene jarabes, coberturas, rellenos y otras elaboraciones, describiendo y aplicando las técnicas de elaboración.

RA6. Decora el producto relacionando las diferentes elaboraciones y valorando los criterios estéticos con las características del producto final.

RA1. Realiza las operaciones previas a las elaboraciones de pastelería y repostería, analizando las fichas técnicas.

MATERIAS PRIMAS

PROCESOS BÁSICOS DE PASTELERÍA Y REPOSTERÍA. FORMULACIÓN

1. LA HARINA

La harina es uno de los principales ingredientes en pastelería y panadería, por no decir el principal. Entendemos como harina el producto finamente triturado obtenido de la molturación del grano de trigo blando o mezcla de este con trigo duro.

También se extraen harinas de otros cereales (arroz, cebada, etc.…), legumbres (soja, alubias, habas, guisantes), frutos secos (castañas, chufa, cacahuete, etc.…), tubérculos, frutas, etc.…, incluso otros productos. Sin embargo, en estos casos, se debe añadir el nombre genérico de donde proceden ("harina de …"). De este modo, y a no ser que se especifique lo contrario, cuando se habla de harina se entiende, la que se extrae del trigo industrialmente limpio

El olor de la harina debe ser agradable y neutro, al igual que el sabor, sin gusto ácido, amargo ni sabores extraños de rancidez, moho o dulzor. La harina de trigo en blanca (trigo blanco) o algo amarillenta (trigo duro). Debe ser suave al tacto y presentar una apariencia uniforme, sin puntos negros, libre de cualquier deporte, de insectos, cuerpos extraños y olores anormales.

El valor nutritivo de la harina depende en gran medida en función del grado de extracción ya que el mayor contenido en proteínas, minerales y vitaminas se encuentra en el salvado, germen y endospermo externo. Siendo el valor nutritivo de las harinas integrales superior al de la blanca.

Como media podemos establecer que la harina está compuesta mayormente por almidón 70%, entre un 9 – 12% de proteínas, un 1´5% de grasas y hasta un 15% de agua en el momento de su envasado y distintos minerales como potasio y fósforo. El contenido en vitaminas es irrelevante.

1.1. Proceso de fabricación

Desde la espiga, hasta el producto final, la harina, el trigo pasa por distintas fases de manipulación: limpiezas, acondicionado…, siendo la molturación quizás una de las fases más relevantes.

En ésta, el grano comprende varias pasadas por una serie de cilindros. Cada pasada es tamizada para obtener diferentes calibres de granos rotos, los cuales volverán a molerse hasta la obtención de la harina. De cada pasada de molienda se extraen harinas de diferente calidad y pureza, tanto en lo referente a su blancura como a su contenido en gluten.

La calidad de la harina vendrá determinada por su porcentaje en ceniza (materias minerales, presentes en mayor medida en la corteza y no en la almendra).

Cuantas menos cenizas contenga una harina, mayor será su pureza. De la molienda obtenemos por tanto:

- **Salvado:** Producto formado por las distintas cubiertas del grano. Según su tamaño, se dividen en finos y gruesos.
- **Sémola:** Producto más grasero, de mayor tamaño. Se emplea en la elaboración de pastas alimenticias, alimentos dietéticos e infantiles.
- **Semolina:** Partículas de tamaño medio, más finas y puras, procedentes de la reducción de las sémolas. Se emplea en la elaboración de platos como el cuscus.
- **Harina:** Es el producto de mayor grado de molturación, empleada en la elaboración de productos de pastelería, panadería, repostería y pastas alimenticias.

1.2. Clasificación de la harina

Existen diferentes formas de clasificar la harina, no obstante en España lo más usual es clasificarla por su tasa de extracción y por su fuerza.

Tasa de extracción:

Designe la cantidad de harina obtenida a partir de 100kg de cereal; así, a medida que aumenta el grado de extracción, aumenta el contenido de componentes de las envolturas del cereal (cenizas). Diferenciamos principalmente:

- ***Harina integral:*** Se emplea el grano completo sin cáscara. Tiene una tasa de extracción superior al 85%.
- ***Harina blanca o refinada*** **:**Es la de uso común. Sólo se muele el endospermo, sin salvado ni germen. Tasa 60 – 70%.
- ***Harina flor:*** Es la harina más fina de todas con una tasa de extracción del 40%. Es la más pura, posee mejores propiedades panaderas.

Fuerza

Define la energía necesaria para deformar una cantidad determinada de masa así como su capacidad para almacenar aire. Se expresa principalmente por el contenido en proteínas glutámicas, causantes de la formación del gluten tras su hidratación. Cuanto mayor sea el contenido en proteínas de una harina, más alto será el grado de retención de líquidos y por tanto, mayor formación de gluten. El gluten es el responsable de la formación de las masas: unión, elasticidad y capacidad para ser trabajada, retención de gases y mantenimiento de la forma de las piezas. Por tanto, cuanto mayor sea el porcentaje en proteínas de una harina, más fuerza poseerá. Diferenciamos principalmente:

- ***Harina de fuerza:*** Procedentes de trigos duros, con un alto porcentaje en proteínas mínimo de 11%, lo que le confiere una mayor capacidad para absorber líquidos (600
  – 750grs/kg de harina), lo que supone una mayor formación de gluten. Siendo por tanto harinas que originan masas con una gran tenacidad y resistencia al estirado

- ***Harina floja:*** Procedentes de trigos blandos, con un menor porcentaje en proteínas

+-9% y una retención de agua entre 400 y 500grs/kg de harina. Producen una masa menos consistente pero resultan más extensibles (se estiran más, antes de romperse).

En la actualidad los molinos mediante la mezcla de harinas fuertes y flojas, elaboran otras: extra fuerte, media fuerza, panificable, etc...., acordes a las demandas del sector. Que selecciona dependiendo de las características del producto que desea obtener.

1.3. Formas de comercialización

A parte de las ya mencionadas (harina gruesa, harina floja, harina integral, harina blanca, harina flor, etc....), recogemos en este apartado algunas de las harinas más importantes procedentes de otros productos así como harinas de trigo en la que mediante diferentes tratamientos han sido sometidas a la adicción o eliminación de diferentes componentes.

- ***Harina de centeno:*** Origina una harina más oscura, con un aroma y sabor acidulante pronunciado. Se suele mezclar con harina de trigo.
- ***Harina de avena:*** Al ser un cereal muy rico en proteínas, es muy valorada. Se suele mezclar con harina de trigo.
- ***Harina de cebada:*** Aunque posee una gran cantidad de proteínas no posee gluten.
  Las masas elaboradas con esta harina requieren una mayor cantidad de agua.
- ***Harina de soja:*** Posee una excelente composición nutritiva. Se usa mezclada con la harina de trigo en la elaboración de pan, para aumentar la cantidad y calidad de las proteínas del pan.
- ***Harina de maíz:*** Se obtiene por molturación de los granos de maíz. Posee un alto contenido en carbohidratos, pero escasa proporción de proteínas, por lo que no es apta para la elaboración de masas fermentadas.
- ***Harina de arroz:*** Contenidos similares a los de la harina de maíz y aunque posee mayor número de proteínas tampoco posee gluten. Posee aplicaciones similares.

- ***Harina enriquecida:*** Adicionada con sustancias para elevar su valor nutritivo con el fin de ser transferidos a los productos con ella elaborados.
- ***Harina acondicionada:*** Harina mejorada mediante tratamiento en sus características organolépticas, plásticas y/o fermentativas.
- ***Harina mezclada:*** Compuesta de harinas de diferentes cereales, debiendo indicarse cuales son las harinas integrantes.
- ***Harina integral desgerminada:*** Resultante de la molturación del grano en el que sólo se ha eliminado el germen.
- ***Harina de germen:*** Aquellas que han sido reforzadas con un porcentaje mayor de germen.
- ***Harina malteada:*** Obtenidas a partir de cereales que hayan sufrido un malteado (tuestes previo a la molturación)
- ***Harina sin gluten:*** Harina de trigo o centeno desprovista de gluten. Para productos especiales para personas celiacas.

2. AZUCARES

Dentro de este importantísimo grupo de materias primas, azúcar posee el protagonismo de formar parte de los principales ingredientes empleados en repostería.

2.1. Azúcar

El azúcar es el producto sólido, cristalizado y de sabor dulce obtenido industrialmente por trituración, calentamiento, centrifugado, lavado y refinado del jugo de la caña de azúcar (60% producción mundial), remolacha azucarera (40% producción mundial) y de otras plantas sacarinas en suficiente cantidad y pureza para ser empleada en la alimentación humana.

El término "azúcar", en singular, está legalmente reservado al producto obtenido industrialmente de la azúcar de caña o de la remolacha, también denominada sacarosa, ya que está compuesta principalmente por este H.C, disacárido formado por glucosa y fructosa. Su poder edulcorante por definición es igual a 1.

En plural, los "azucares", comprenden no solamente la sacarosa:

Monosacáridos:

- Glucosa: extraída del maíz
- Fructosa: azúcar de la fruta
- Galactosa: extraída de la leche

Disacáridos:

- Lactosa: azúcar de la leche = glucosa + galactosa
- Maltosa: azúcar de la malta = glucosa + glucosa

2.1.1. Clasificación y fórmulas de comercialización

Los diferentes tipos de azucares existentes se dividen en dos grandes grupos: crudos y refinados, en función del grado de extracción y procesado posterior.

- **Azucares crudos:** azucares sin refinar obtenidos de la caña, de la remolacha o de otras fuentes azucareras.
- **Azucares refinados:** son los obtenidos por refinación a partir del azúcar crudo, eliminando restos de melazas y otras impurezas.

A partir de estos productos encontramos en el mercado

multitud de presentaciones. Pudiendo destacar:

- ***Azúcar Moreno, Rubio o Tercio:*** Azúcar crudo, de color amarillento o pardo, pegajosa al tacto por su contenido en residuos naturales (melaza), 85% de sacarosa.
- ***Azúcar Blanco o Blanquilla:*** Azúcar crudo, su color es blanco,

pudiendo presentar color crudo, 99´7% de sacarosa.

- ***Azúcar Refinada:*** Producto conseguido como resultado del refinado de un azúcar crudo. Su color es blanco brillante con un contenido en sacarosa del 99´9%.
- ***Azúcar Pilé:*** Azúcar crudo, producto aglomerado por centrifugación. Se presenta en terrones irregulares.
- ***Azúcar Granulado:*** Azúcar crudo o refinado, formando cristales más o menos gruesos.
- ***Azúcar Pilón:*** Azúcar refinado que se presenta en forma de panes cómicos.
- ***Azúcar Cuachillo, cortadillo o terrón:*** Azúcar granulado en forma de terrones cuadrangulares.
- ***Azúcar Cande, Candí o Piedra:*** Azúcar refinado cuando se presenta en grandes cristales transparentes, de difícil solución.

2.1.2. Derivados del azúcar.

- ***Azúcar Glass:*** Mezcla de azúcar en polvo con un 0´5% de fécula de arroz o maíz.
- ***Azúcar Vainilla:*** Azúcar en polvo adicionada con un 10% de extracto en polvo o esencia de vainilla.
- ***Azúcar Caramelizado o Caramelo:*** Obtenido por la acción del calor sobre el azúcar natural, neutralizado o no con carbonatos alcalinos químicamente puros.
- ***Azúcar Especial de confitura:*** Es un azúcar gelificante, compuesto de azúcar en polvo, pectina natural y ácido cítrico. Se emplea para facilitar la coagulación de las confituras.
- ***Azúcar Fantasía:*** Azúcar blanco adicionado con colorantes y aromas.
- ***Azúcar Mascabado:*** Azúcar refinado con la adicción de melaza de caña. Su principal característica es su pronunciado sabor que recuerda al regaliz.

2.2. Azúcar invertido

Producto obtenido por hidrólisis de la sacarosa mediante la acción de enzimas específicos o por contacto con determinados ácidos. Después de la sacarosa es uno de los azucares más utilizados en pastelería, ya que mejora el aroma de los productos, la textura de las masas, suprime o disminuye la cristalización, evita la desecación de los productos congelados y hace descender el punto de congelación de helados, etc.

Proporciones aconsejable para su empleo:

- En todo tipo de cremas +/- 10% del azúcar.
- En helados +/- 30% del azúcar.
- En masas fermentadas +/- 50% del azúcar.
- En bizcochos +/- 20% del azúcar.

2.3. Jarabe de glucosa o glucosa líquida

Producto incoloro o ligeramente amarillento obtenido por la hidrolización de cualquier almidón comestible. Evita la cristalización de azúcares cocidos, confituras, frutas confitadas, etc. Da plasticidad y untuosidad a los helados, masas moldeables y bombones, aporta humedad, manteniendo tiernas las elaboraciones como bizcochos y trufas.

Proporciones aconsejable para su empleo:

- En los jarabes depende de la concentración: Hebra +/- 10%, Fondant +/-15%, Caramelo +/-20%.
- En cremas para helados +/-25%.
- En masas y bizcochos moldeables +/-10%.

2.4. Azúcar isomalt

Es un azúcar poco conocido a nivel general en el ámbito de la pastelería artesanal, aunque poco a poco, se va introduciendo. Se obtiene por hidrólisis del azúcar y una posterior hidrogenación. Muy empleada en la elaboración de azúcar artístico, caramelos, mermeladas, etc...., y es asimilable para los diabéticos. No necesita de agua ni de otro líquido para que funda, resiste perfectamente la humedad y no toma color a altas temperaturas.

3. MIEL

Es el producto alimenticio azucarado producido por las abejas melíferas a partir del néctar de las flores o de otras exudaciones de las plantas que ellas liban, transforman, combinan con sustancias propias, almacenan y dejan madurar en los panales de la colmena.

Se compone esencialmente de diferentes azúcares, predominantemente glucosa y fructosa

3.1. Clasificación y comercialización

Por su modo de obtención

- ***Miel en panales o secciones:*** Es la almacenada por las abejas en los alvéolos de los panales recién construidos por ellas mismas que no tengan larvas y que se venden el panal entero o partido.
- ***Miel virgen o de gota:*** Es la obtenida por la decantación de los panales que no tengan larvas
- .***Miel cruda:*** Es la extraída del panal por medios mecánicos.
- ***Miel cruda prensada:*** Es el producto obtenido exclusivamente por presión en frío.
- ***Miel centrifugada:*** Es el producto obtenido exclusivamente por centrifugación de los panales sin calentamiento o con calentamiento moderado.
- ***Miel gomosa:*** Es el producto obtenido por presión en caliente.
- ***Miel sobrecalentada o desenzimada:*** Es a la que se ha sometido a temperaturas superiores a 70ªC.

- ***Miel cremosa:*** Es la de apariencia untosa, obtenida por un proceso de cristalización provocado y controlado.
- ***Miel batida:*** Es la obtenida por golpeo de los panales.
- ***Meloja*:** Es el producto siruposo obtenido por concentración de los líquidos acuosos procedentes del lavado de los panales.

3.2. Por su origen

- ***Miel de flore:s*** Obtenida principalmente de los néctares de las flores.

Miel monofloral: con las denominaciones que correspondan al aroma natural que posean.

Miel multifloral

- ***Miel de mielada*:** Es la obtenida a partir de secreciones de las partes vivas de las plantas. Su color variará de pardo oscuro o casi verdoso hasta el negro.

4. LECHE

Se entiende por leche, el producto integro, no adulterado, ni alterado y sin calostros, del ordeño higiénico de las hembras sanas mamíferas y bien alimentadas. Con la denominación de leche se hace referencia a la leche natural de vaca. Las leches producidas por otras especies de animales domésticas se designarán indicando el nombre de la especie.

La leche no debe consumirse cruda ya que es un medio muy rico para el desarrollo de muchas formas de vida, extremadamente alterables.

Para este producto tenga las condiciones óptimas para el consumo humano, se han de realizar unas operaciones tecnológicas que variarán las características nutritivas del producto inicial, favoreciendo entre otras cosas, la digestibilidad, el valor nutritivo.

Una vez obtenida la leche cruda para que esté apta para el consumo humano, se realizarán unas operaciones que son:

- ***Filtrado:*** Se realizará para eliminar los agentes contaminantes macroscópicos. Consiste en pasar la leche por un filtro, que la limpiará de impurezas que pueda tener.

- ***Homogenizado***: Consiste en romper los glóbulos grasos en otros más pequeños y de tamaño uniforme. Con el fin de repartir la grasa que contiene la leche. Esta operación produce:
  - Leche con más sabor.
  - Leche más viscosa.
  - Mayor valor nutritivo y digestibilidad.
  - Reparto uniforme de vitaminas A y D.

- ***Tratamiento térmico:*** Este tratamiento se le da para eliminar microorganismos patógenos, dando o aplicando el oportuno para el tipo de producto a elaborar: pasteurización, esterilización y UHT

4.1. Clasificación y fórmulas de comercialización

Se puede realizar una clasificación de este producto atendiendo principalmente a dos aspectos importantes:

<u>Por su contenido graso.</u>

Podemos encontrar:

- ***Leche entera***: Contiene todos sus nutrientes y su contenido en grasa es 3.5 grs x 100 grs de producto.
- ***Leche semidesnatada***: Contiene todos sus nutrientes pero su contenido en grasa está en 1.5 y 1.8%.
- ***Leche desnatada***: Contiene todos los nutrientes y su contenido en grasa es 0.5%.

Al bajar el nivel de grasa, baja el nivel calórico, y también disminuyen los niveles de vitamina A, D y E.

<u>Por su tratamiento térmico.</u>

- ***Uperización:*** Consiste en calentar la leche a una temperatura muy alta durante muy poco tiempo; 140ºC/150ºC de 2 a 4 segundos. Por este método se elimina toda la flora bacteriana mientras que los nutrientes se mantienen intactos.

Se conserva más tiempo que la leche pasteurizada y menos que la leche esterilizada.

- ***Pasteurización***: Proceso que consiste en calentar la leche a 72°C, durante 15 minutos. Esta operación elimina los microorganismos que contaminan la leche y cumple una doble función:

▪ Sanear la leche reduciendo la flora bacteriana.

▪ Conservar: alarga la vida útil de la leche.

Esta leche después del proceso debe enfriarse rápidamente y pasar a una temperatura de 4°C (que no exceda).

Debe ser vendida al consumidor dentro de las 72 horas después del envasado y se conserva en la nevera 4 o 5 días después de abierto.

- ***Esterilización***: Se somete a la leche a altas temperaturas, más tiempo: de 115°C – 15 minutos, 130°C – 30 minutos.

- ***Leches higienizadas:*** Es la leche sometida a un proceso tecnológico que asegura la destrucción de gérmenes patógenos y la casi totalidad de la flora bacteriana, sin que modifique su naturaleza físico – química y sus cualidades nutritivas.

- ***Leches deshidratadas:***Se clasifican y comercializan en:

▪ Leche condensada: Leche higienizada, concentrada, con azúcar privada de parte de su agua, y cuya conservación se consigue por la adicción de sacarosa.

▪ Leche evaporada: Leche esterilizada privada de parte de su agua de constitución.

- Leche concentrada: Es la leche natural higienizada entera, reducida a ¼ de su volumen.
- Leche en polvo: Producto seco que se obtiene mediante la deshidratación de la leche natural o desnatada.

5. NATA

Nata es el producto lácteo rico en materia grasa, separado de la leche por reposo o centrifugación. La nata se elabora con leche de vaca, procedente de hembras que no padezcan procesos infecciosos, peligrosos para la salud pública y forzosamente será sometida a un tratamiento de higienización.

Si se fabrica con leche de otra especie deberá añadirse a la palabra nata la especie, de la que proceda.

Pasos a seguir en la elaboración.

- **Centrifugado de la leche:** Se produce una separación física de fracciones. Nata y leche desnatada, basándose en su distinta densidad.
- **Tratamiento térmico:** Con el objeto de evitar el crecimiento de microorganismos patógenos.
- **Homogenización:** Es opcional y persigue la reducción del tamaño del glóbulo de grasa, favoreciendo la homogeneidad del producto.
- **Incorporación de aditivos,** se envasa y se etiqueta. Se establecen grupos dependiendo del porcentaje graso:

Nata doble	50%
Nata	30% - 50%
Nata delgada	12% - 30%

5.1. Clasificación y fórmulas de comercialización

Existen diferentes formas de clasificar y comercializar la nata:

Por tratamiento térmico.

Su objetivo es evitar el crecimiento microbiano. Existen tres formas:

- Nata pasteurizada; 75°C; 15 minutos.
- Nata esterilizada; 110°C; 20 – 30 minutos.
- Nata UHT; 132°C; 2 segundos.
- Nata congelada: Es la nata pasteurizada y envasada, azucarada o no, sometida a un proceso rápido de congelación que permite alcanzar -18°C en el centro de la masa.

Se les llama homogeneizadas a cualquiera de las anteriores, sometidas al proceso mecánico de división de glóbulos de grasa, formando una emulsión más estable. ***Clasificación según las sustancias que se le incorporan.***

- Nata batida o montada: Sometida a una agitación mecánica por gases inocuos.
- Nata dulce o azucarada: Se le ha agregado glucosa o sacarosa o ambas.
- Nata aromatizada: Se aromatiza con sustancias naturales (nata con frutas) y nata ácida; por la adicción de fermentos lácteos, (sometidas a un proceso de maduración por fermentos).
- Nata en polvo: Producto seco y pulverizado obtenido mediante la deshidratación. Se comercializa para disolución instantánea o destinada a venderse en máquinas.

6. COBERTURAS

Estos dos productos derivan del cacao y sus derivadas con o sin azúcar.

Cacao: Fruto del árbol tropical cacaotero. Tiene un tamaño de 15 cm. y puede llegar a pesar 500 grs. La pulpa de su interior es blanquecina y contiene las semillas, recubiertas de cáscara fina y color oscuro. El chocolate se extrae de los granos (semillas).

Los productos que se obtienen del cacao son:

- **Semilla del cacao:** Procede del cacaotero, separadas del resto del fruto, fermentadas y secadas.

- **Cacao descascarillado:** Es el procedente de los granos de cacao limpios descascarillado, tostados o no.
- **Pasta de cacao:** Producto obtenido por la molturación del cacao, descascarillado y tostado (contiene un 5% de manteca de cacao). Es cobertura amarga cuando se utiliza con fines industriales.
- **Manteca de cacao:** Por presión del cacao descascarillado o pasta de cacao. Masa sólida que se funde al paladar, de color blanco amarillento y olor y sabor a cacao.
- **Torta de cacao:** Producto que resulta después de la separación de la manteca de cacao por presión.
- **Cacao en polvo:** Procede de la pulverización de la torta de cacao, según su contenido en grasa tendremos cacao normal y semi-desgrasado.
- **Cacao azucarado en polvo:** mezcla de cacao en polvo con azúcar.
- **Chocolate:** Producto de la mezcla de cacao en polvo, o pasta de cacao y azúcar, adicionada de manteca de cacao.
- **Cobertura:** Es la mezcla de pasta de cacao y azúcar, pueden llevar o no azúcar (cobertura amarga), o llevar un % en manteca de cacao.

Proceso de la elaboración: mezclado de los ingredientes, según el tipo (se puede añadir a la mezcla leche, nata, etc.), en máquina amasadora. Después se refina, se hace el conchado (agitación mecánica) a temperatura suave (70% u 80%) para pasar al enfriado y moldeado.

6.1. Clasificación y fórmulas de comercialización

Cobertura: Es una mezcla de pasta de cacao, azúcar y a veces manteca de cacao. Encontramos:

- Cobertura amarga: Cobertura que no lleva azúcar, se comercializa con fines industriales.
- Cobertura especial: En ellas se sustituye parcial o totalmente la manteca de cacao por otra grasa vegetal comestible, encontramos:

- Cobertura con grasa vegetal.
- Cobertura con grasa vegetal y leche.

Estas son utilizadas para transformación industrial como producto para bañar, rellenar y decorar elaboraciones de pastelería.

Chocolates.

Mezcla homogénea y variable de cacao descascarillado con pasta o cacao en polvo y azúcar, añadiendo o no manteca de cacao.

- Según la adicción de productos alimenticios:
  - Chocolate con leche: Se elabora a base de añadir leche (desnatada o entera), obtenemos: chocolate con leche popular, fino, extrafino, desnatado.
  - Chocolate blanco: Producto obtenido de la manteca de cacao, leche y azúcar.
  - Chocolate en fideos o escamas: Producto para decoración.
  - Chocolate con frutos secos y cereales: Se le adiciona frutos secos enteros o troceados.
  - Chocolate con frutas: Se le adiciona frutas enteras o troceadas, confitadas o desecadas.

7. LEVADURA

Son seres microscópicos unicelulares, de la familia de los hongos que son importantes por su capacidad para realizar la fermentación de hidratos de carbono, transformando estos azucares en gas carbónico y alcohol. Las levaduras son abundantes en la naturaleza, y se encuentran en el suelo y sobre las plantas. .

7.1. Levadura biológica

Conocida como levadura de cerveza, levadura fresca, prensada o de panadero, es el producto formado por una masa de seres unicelulares vivos, (Saccharomyces cerevisiae) por proliferación en medios azucarados. Se obtiene industrialmente y debe tener una coloración casi blanca, casi carente de olor y sabor, debe resultar firme y no disgregarse aunque por frotación con las manos se desmenuce diluyéndose en forma de grumos.

Conservación.

La levadura es un organismo vivo con lo que ello conlleva a la hora de su conservación.

Para una buena conservación se aconseja almacenar la levadura en cámara frigorífica de entre 0ºC y 7ºC, sin llegar a la congelación. (duración aproximada 2 meses), en cámaras frigoríficas a 13ºC (aproximadamente 2 semanas), en cámaras frigoríficas a 18ºC (aproximadamente 1 semana).

Si la levadura es retirada de la cámara y atemperada tendremos la precaución de utilizarla el mismo día y no volverla a conservar.

Aplicaciones y Utilización.

Se emplea en todas las masas panárias y similares. El cálculo de la cantidad de levadura se realiza a partir de la cantidad de harina a emplear, estando sujeto a las características de la harina y de la masa, podemos determinar una proporción adecuada entre 40 y 80 gramos por kilo de harina.

La levadura prensada se acondiciona para conseguir una distribución homogénea por toda la masa. Para ello se dispersa la levadura y se disuelve (junto con la sal si llevase este ingrediente) en el total del líquido del amasado. Aunque la norma más general es la de añadirla ya atemperada y desmenuzada al final del amasado.

Durante la fermentación la levadura deja de realizar su actividad a partir de los 58ºC más o menos.

7.2. Levadura Química.

Conocidas también como impulsor o polvos de hornear. Son productos químicos un agente gasificador (bicarbonato), Sales ácidas en polvo (ácido tartárico) y almidón (para mantener en separación relativa a los otros dos componentes que durante el calentamiento reaccionan produciendo gas carbónico.

7.3. Aplicaciones y Utilización.

Se emplea en masas secas con bajo contenido de agua y en bizcochos compactos o grasos

La cantidad a emplear es relativa porque está en función de los contenidos sólidos de la fórmula, en especial de los contenidos de harina. A modo de orientación se puede hacer una valoración de 2 gramos por 100 de harina. De cualquier modo un exceso de levadura produce un crecimiento rápido de la masa seguido de un hundimiento.

8. ADITIVOS Y MEJORANTES

8.1. Esencias

Son sustancias aromáticas que se utilizan para reforzar el olor y sabor de una preparación o producto alimenticio al que se incorpora.

Existen diferentes tipos en función de su origen, aprobadas por el consejo regulador de Europa.

8.1.1.1. Producto aromáticos naturales

Se obtienen a partir de productos tales como frutos, cortezas de frutos, etc.

8.1.1.2. Preparados aromáticos naturales

Se obtienen de forma similar a los anteriores en cuanto a su origen, pero a partir de macerados, destilados o disoluciones de los productos

8.1.1.3. Principios activos aromáticos

Responde a sustancia químicas de composición definida, de origen natural, sintética o artificial, capaces por si solas o asociadas de producir sensaciones mixtas de olor y sabor

8.1.1.4. Esencias artificiales

Son compuestos dotados de olor y sabor genuinos del producto que toma su denominación específica y elaborados con principios activos artificiales.

Las esencias químicas tienen una concentración máxima permitida de aromas

8.2. Colorantes

Son sustancias que se emplean para fijar ó vaciar el color de los alimentos.

Pueden ser de diferentes orígenes y cualidades y el Código alimentario establece las dosis permitidas según se trate de sólidos ó líquidos.

Pueden ir mezclados de saborizantes.

8.3. Gasificantes

Los gasificantes son aquellos productos químicos pulverizados que se emplean como sustitutos de la levadura, para la producción de anhídrido carbónico en las masas a las que se les incorporen.

El Código Alimentario los define como: sustancias de elaboración que se caracterizan por producir gas carbónico sin afectar al gluten del trigo y estarán compuestos por productos activos que se incluyen en las listas positivas

Son muy utilizados en panadería y en general, en las masas fermentadas. Se presentan mezclados con las harinas, incluidas las de arroz.

Su color es blanco pero también podemos encontrar algunos color caramelo. El olor nos recuerda a farmacia y va de ligeramente salado a cálcico.

8.4. Saborizantes

Son sustancias que se emplean para modificar el sabor de las elaboraciones, sólidas ó líquidas.

Al igual que los colorantes pueden ir adicionados de sustancias de color que modifiquen el natural.

8.5. Edulcorantes artificiales

Se trata de saborizantes que, sin valor nutritivo, poseen un poder edulcorante superior a los manifestados por los edulcorantes naturales como la caña de azúcar ó remolacha así como cualquier otro tipo de hidrato de carbono al que traten de sustituir.

8.6. Estabilizantes

Se emplean para dar estabilidad a los preparados y que éstos mantengan, incluso mejoren, sus cualidades de textura y aspecto naturales.

8.7. Antioxidantes

Son sustancias que por separado ó mezclados entre sí, impiden ó retardan la oxidación y el enranciamiento en alimentos y bebidas, por la acción de la luz, el aire ó los metales. Deben especificar sus dosis y modo de empleo.

8.8. Conservantes

Son sustancias que por separado ó mezclados entre sí, tienen la función de evitar, inhibir ó retrasar, el enmohecimiento, la fermentación, la putrefacción ó cualquier otra alteración biológica que puedan sufrir los alimentos y bebidas. Su uso y dosificación estará regulada y la información al respecto visible en su enva

RA2. Pone a punto los equipos de elaboración de pastelería y repostería, reconocicndo los dispositivos y funcionamiento de los mismos.

MAQUINARIA, UTENSILIOS Y HERRAMIENTAS

1. Amasadoras

Su función es mezclar o amasar. Existen diferentes modelos y tamaños, de brazos, cilindros verticales, pala, etc.

Actualmente en el mercado existen varios tipos de amasadoras, pero nos vamos a referir a dos tipos:

1. - la que consta de dos brazos rectos.
2. - la que consta de un sólo brazo en espiral.

La diferencia entre ambas, es que la que consta de un sólo brazo no es aconsejable para amasar masas que lleven en su composición levadura, ya que es muy lenta, y calienta la mas acelerándose el proceso de fermentación al recibir ésta un trabajo excesivo. La otra sin embargo les ofrece a las masas el trabajo justo y correcto.

2. Batidora

Tienen como función: batir, mezclar o amasar, dependiendo estas funciones del utensilio que se les acople a su eje motriz.

Constan de un cuerpo central (pie y motor), de uno o dos peroles (donde se depositan los géneros a tratar), y de tres tipos de apliques (varillas, pala y gancho).

Las varillas para montar, la pala para mezclar ciertas preparaciones y masas, y el gancho para unir pequeñas cantidades haciéndonos las veces de pequeña amasadora.

3. Trituradora - refinadora

Necesaria para la confección del mazapán, entre otras cosas, permite también triturar frutos secos generalmente para la obtención de harinas de tales géneros.

4. Estufa

Se utiliza para fermentar las masas que contengan levadura como (bollería, pan...) Antes del horneado. Está provisto de rejilla para colocar latas de horno en posición horizontal y resistencias controladas por termostatos que pueden dar calor seco o húmedo, o ambos a la vez.

5. Laminadora de hojaldre

Máquina que sirve para extender masas hojaldradas o similares dándoles el grosor deseado. En ésta máquina, mientras los rodillos graduables en anchura y grosor quedan fijos, la masa es la que se desplaza. Constan de un cuerpo central (donde va incorporado el motor y los rodillos) y dos alas (una por banda) con lonas móviles.

6. Boleadora

Máquina automática que da forma redonda a las piezas de masa que han salido cortadas de la máquina divisora para su posterior forma o fermentación y horneado.

7. Atemperadorde chocolate

Es un recipiente dotado de unas resistencias que al calentarse se derriten y mantienen la cobertura fundida templada y lista para ser utilizada a una temperatura que no sobrepasa los 30°C.

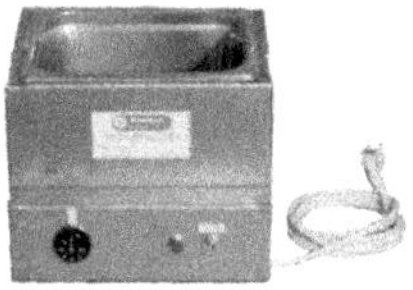

8. Heladora - sorbetera

Para obtener una textura cremosa y correcta en un helado de crema es fundamental utilizar una heladora con inyección de aire Bañadoras de chocolate

Se utilizan principalmente para bombones, aunque también se emplean en otras elaboraciones que van cubiertas con chocolate. Mantiene el chocolate templado de manera que se pasa por debajo una lata con bombones y los baña de forma rápida y uniforme

9. **Aerógrafo**

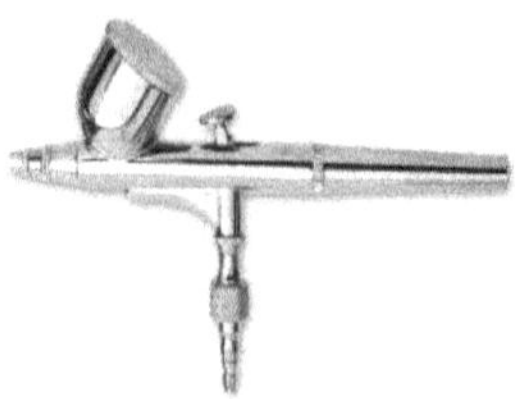

Pequeño aparato mecánico-eléctrico compuesto de dos partes, un compresor de aire y una pistola de precisión de tamaño reducido, que se emplea para pintar piezas artísticas comestibles, empleando igualmente pinturas comestibles vegetales.

10. **Aros de tarta**

Pueden ser de aluminio, inoxidable. , Plástico ó PVC.

11. **Aros de bizcocho**

De lata, aluminio ó PVC.

12. **Boquillas**

Utensilio complementario de la manga pastelera, empleándose

tanto para decorar tartas, rellenar pasteles, formar pastas, dando formas a adornos de cremas, natas, etc. Pueden ser lisas o rizadas, de aluminio, lata o plástico y diferentes tamaños.

13. **Cazo eléctrico y caldera eléctrica**

Cazo de cobre bañado de estaño provisto de unas resistencias que conectadas a la corriente eléctrica le proporcionan el calor suficiente para cualquier tipo de cocción.

14. Cepillo

Utensilio empleado para barrer el excedente de harina restante de una mesa de trabajo ó de una elaboración.

15. Corte o tallante

Utensilio empleado tanto para rascar latas, cortar porciones de masas ó matar el fondant, está compuesto de un mango de madera y una hoja de acero inoxidable.

16. Descorazonador.

Utensilio de forma cilíndrica, utilizado para extraer los corazones de las frutas.

17. Espátulas

Se utilizan especialmente para extender y alisar cremas u otro tipo de elaboraciones. Están fabricadas en goma, madera, acero inoxidable.

18. Hilador de huevo o mosset

Utensilio empleado exclusivamente para confeccionar huevo hilado.

19. Hoja goma silpat

Hoja plana de un tipo de silicona con medidas gastronorm, su versatilidad le permite emplearlo con prácticamente cualquier tipo de elaboración, siendo totalmente antiadherente y pudiéndolo someter tanto al calor como al frío.

20. Lata acanalada

Donde utilizada para cocer las barras de pan.

21. Lengüetas de plástico o de goma

Se emplean para rebañar recipientes de los géneros que han contenido evitando su despilfarro. Presentan el peligro de estropearse fácilmente por efecto del calor al derretirse lo que podría transmitir la goma de que se compone a las elaboraciones.

22. Manga pastelera

Hasta éste momento estaban realizadas con materiales textiles, lo que provocaba enranciamiento, deterioro o incluso fermentación estropeando los géneros que se

introducían dentro de ellas. En la actualidad se utilizan en materiales plásticos e incluso desechables de un solo uso lo que garantiza la higiene en los procesos.

23. Medidas

Se emplean para medir capacidades o volúmenes de líquido y ajustar las cantidades de una receta. Pueden ser de, 1 l., están realizados en plástico ó acero inoxidable.

24. Moldes

Bizcochero, bombones, bombas, charlotte, huevos de chocolate, magdalena, tartaletas grandes y pequeñas (rizadas y lisas), savarinas, tartas heladas, plum-cake, puding, tocinillo de cielo, de pan inglés, etc.

25. Rodillos

Tienen la función de estirar las pastas o masas para su cocinado posterior o aplicación directamente en otro preparado. Pueden ser de madera, aluminio, pvc. Se pueden encontrar de distintos tamaños y con la superficie rayada o con otro tipo de relieves como púas, para dar relieve o formas a las pastas estiradas.

26. Tamiz

Es una redecilla metálica rígida enmarcada en un cerco de madera. Existen tamices de diferentes grosores y se utilizan para tamizar harinas, azúcares, migas de bizcocho seco, etc.

27. Termómetro

Instrumentos que tienen la función de medir la temperatura. Existen diferentes modelos dependiendo del tipo de aplicación entre los que se encuentran:

Termómetro pesajarabes

Se emplea para conocer la densidad de los almíbares, miden en grados baumé y no pueden rebasar los 40ºB, equivalentes a unos 115ºC.

Termómetro de masas

Utilizado para medir la temperatura en las masas de levadura. Son digitales lo que garantiza la medición.

Termómetro de azúcar

Al contrario que el pesajarabes, mide grados centígrados alcanzando hasta los 200ºC, lo que permite medir los distintos puntos del azúcar cocido.

RA3. Realiza operaciones básicas de pastelería y repostería reconociendo y aplicando los diversos procedimientos.

OPERACIONES BÁSICAS

- **A**
- Ablandar: trabajar y poner blanda una grasa u otro producto o elaboración a mano o con rodillo para darle una consistencia menos firme; es sinónimo de empomar cuando se aplica a una grasa.
- Abocado: vino ni seco ni dulce, pero agradable por su suavidad, se utiliza para aromatizar las roscas de vino.
- Abaisse: tozo de masa que se extiende y aplasta con la ayuda de un rodillo para hacerla más fina.
- Abaisser: extender y aplastar la masa con el rodillo, para hacerla más fina.
- Abrillantar: dar brillo a diferentes elaboraciones, a base de mermeladas, gelatinas o huevo, en el caso de piezas para hornear, pero también se pueden abrillantar piezas elaboradas, como los croissants, pasteles, etc.
- Abrirse: expansión que sufre una incisión decorativa hecha en una pieza hojaldrada o de pan por efecto de la fermentación o cocción.
- Acaramelar: acción de cubrir totalmente o parcialmente una elaboración con caramelo de baño.
- Acanalar: 1 Realizar pequeños surcos en "V", paralelos y poco profundos, en la corteza de una fruta (limón, naranja) mediante un cuchillo apropiado. 2 Las bases de masa se llaman acanaladas cuando están cortadas con una ruedecita a este efecto. 3 Una boquilla acanalada es dentada.
- Aceitar: untar o aplicar una fina película de aceite sobre cualquier superficie para evitar la adherencia. Actualmente se emplea el término engrasar lo cual implica la utilización de cualquier tipo de grasa.
- Aceitoso/a: pasta de almendras, mazapán o pralinés que, por exceso de trabajo suelta parte de su aceite; igualmente se le aplica a una masa fermentada que, por exceso de calor en la fermentación, suelta la grasa.

- Acortezarse: se dice de una masa o crema que, por estar una parte en contacto con el aire, acaba secándose, formando una costra en la superficie.
- Afirmar: Acción de batir enérgicamente claras de huevo. Incorporándoles poco a poco azúcar para que queden firmes y homogéneas (punto de nieve).
- Aflojar: se dice generalmente de una masa que pierde sus cualidades plásticas, se ablanda de una manera anormal, durante o después del amasado, normalmente por exceso de trabajo.
- Afrutado: vino con agradable sabor a fruta que se utiliza en parte, para aromatizar algunas elaboraciones de pastelería.
- Agarrarse: se dice generalmente, cuando una crema durante su cocción al fuego, se pega a la base del cazo.
- Agitar: remover una crea, salsa o mezcla, con ayuda de una espátula o un batidor para que se recupere su homogeneidad y evitar que se forme costra en la superficie.
- Aligerar: volver más fluida una composición, por ejemplo una crema o un preparado, añadiéndole un líquido, rebajando con leche una crema, etc.
- Alisar: alisar la superficie de una elaboración con ayuda de una paletina, para conseguir que ésta quede totalmente lisa.
- Alcabor: estancia o armario destinado a la fermentación natural o forzada de piezas de masas leudadas.
- Almíbar: solución de agua y azúcar a partes iguales llevado a ebullición.
- Amalgamar: Unir diferentes ingredientes a mano.
- Amasar: 1 Trabajar a mano una sustancia (materia grasa, masa, etc.) para ablandarla. En algunos casos tienen que trabajarse los ingredientes durante un buen rato para que las preparaciones queden homogéneas. 2 Trabajar con las manos o con un robot de cocina (equipado con amasador) harina con uno o varios elementos, para mezclarlos y obtener una masa lisa y homogénea.

- Amoldar: meter un a sustancia fluida o pastosa en un molde, del cual adaptará la forma de cambiar la consistencia por cocción, enfriado o congelación.
- Aparejo: 1 Mezcla de elementos diversos que se utilizan en la composición de un postre antes de la cocción o del enfriamiento. 2 Mezcla.
- Aplastar: reducir el grosor de una masa mediante la acción de las manos o de un rodillo.
- Apretar: endurecer las claras de huevo montadas, batiéndolas tras la adición de azúcar.
- Arenar: 1 Conseguir que una masa se desmenuce con la mezcla de los ingredientes destinados a una masa quebrada o a una masa sablee. 2 Amasar azúcar cocido girándolo con la ayuda de una espátula hasta obtener una masa cuya estructura sea granulosa y arenosa.
- Aromatizar: Incorporar a una preparación una sustancia aromática (licor, café, chocolate, agua de rosas, etc.). Introducir una sustancia aromática en un preparado para aportarla aroma y sabor.
- Atemperar: El atemperado es un trabajo del chocolate consistente en aplicarle una curva de temperatura muy precisa para que una vez fundido, pueda ser manipulado y recupere todas sus cualidades iniciales, quedando de nuevo brillante, estable y fácil de partir.
- Aumentar: se aplica este término a la acción de esponjar o meter aire cuando se bate, por ejemplo un bizcocho, también aumentan en el horno ciertas elaboraciones durante su cocción; aumentan de tamaño las masas leudadas, durante su fermentación
- **B**
- Bajar: se dice que una elaboración se baja, cuando experimenta una pérdida de volumen, después de haber subido, a causa de una caída brusca producida por exceso de temperatura, por un golpe, una mezcla excesiva o mala cocción.
- Bañar: cubrir la superficie de un pastel o tarta, con cualquier tipo de baño, por ejemplo, chocolate, gelatina, fondant, etc.

- Baño maría: Proceso que consiste en poner un recipiente dentro de otro de tamaño superior que contiene agua en ebullición o hirviendo apenas. El calor, atenuado de esta forma permite trabajar producciones frágiles sin riesgo de que se quemen.
- Batir: 1 Agitar enérgicamente elementos juntos, mezclándolos para modificar sus consistencia primera. 2 Batir enérgicamente un preparado con ayuda de varillas para hacerlo homogéneo.
- Blanquear: Ablandar un elemento sumergiéndolo unos minutos en un recipiente con agua hirviendo.
- Esta expresión designa también el trabajo de una mezcla con varillas (generalmente yemas de huevo más azúcar) hasta que se vuelve cremosa, espumosa y blanquecina.
- Bloquear: Acción de congelar elementos o aparatos de una forma muy rápida y a una temperatura muy baja (entre -30° y – 40° C). Estos elementos se pueden destinar a la conservación – 18ªC para una larga duración, aunque no necesariamente; también se bloquean elementos para que puedan ser combinados , trabajados o decorados más fácilmente endurecidos.
- Bolear: dar vueltas a porciones de masa para aportarles forma redonda y lisa.
- Bollería: nombre genérico que se le da a diversas elaboraciones de pastelería que se realizan para el desayuno o la merienda, generalmente masas fermentadas, pero no imprescindibles, como por ejemplo: ensaimadas, croissant, magdalenas, suizos, etc.
- Boquilla: accesorio cónico de latón o plástico que se adapta a la manga pastelera, sirve para escudillar o decorar, pudiendo ser lisa o rizada y de diferentes tamaños.
- Brunoise: Ingredientes cortados en dados de 5 mm de lado, generalmente frutas o verduras.
- Brûlée o quemada: Se dice de una masa cuando el amasado de la harina y de la grasa de una mezcla aceitosa, por hacerse demasiado lentamente. Si se añaden yemas de huevo al azúcar en polvo sin

trabajarlo, surgen partículas de color amarillo vivo que se incorporan mal a cremas y masas: las yemas están brûlées .

- **C**
- Calar: acción de bañar una elaboración con almíbar, generalmente bien con una brocha o sumergiendo la pieza.
- Candidera: caja metálica rectangular que, provista de una rejilla metálica, sirve habitualmente para bañar o escurrir.
- Caramelizar: Transformar azúcar, en seco o con agua adicionada, en caramelo bajo el efecto de una calor moderado y constante. Se llama así también a la acción que consiste en colorear un elemento bajo la acción del calor de una salamandra o un grill, espolvoreando con azúcar. Igualmente se carameliza un ingrediente dorándolo con azúcar y mantequilla.
- Castigar: agregar a un almíbar con punto, un ácido, como zumo de limón, crémor tártaro, glucosa o cualquier otro ácido comestible con la finalidad de que no se empanice.
- Cerner: 1 Practicar una incisión poco profunda con un cuchillo en la piel o la cáscara de un fruto. 2Hacer una incisión circular ligera en una manzana antes de cocerla, para evitar que estalle.
- Chiqueter: Practicar, con la punta de un cuchillo, incisiones regulares y oblicuas en el borde una base de hojaldre. Con ello se pretende facilitar que se infle durante la cocción y mejorar la presentación.
- Cinta: SE dice de una mezcla caliente o fría cuya consistencia densa, lisa y homogénea hace que caiga de la cuchara o espátula sin romperse y de forma fluida.
- Clarificar: 1 Hacer que un jarabe o una jalea, queden por filtrado o bien por decantación, claros y límpidos. 2 La clarificación de la mantequilla consiste en derretirla al baño María, sin remover, para eliminar de ella el suero, que forma un depósito blancuzco. 3 Se clarifica un huevo cuando se separa la yema de la clara, de modo que ésta no tanga rastro alguno de la primera.

- Cobertura: chocolate rico en manteca de cacao que se utiliza en pastelería para elaborar, cubrir o envolver, diversas preparaciones.
- Cobertura, napado o napage: Jalea líquida a base de mermelada de fruta (albaricoque, fresa, frambuesa) tamizada, a la que se suele añadir gelificante. Da un acabo brillante a las tartas de frutas, así como a los bizcochos borrachos, a los babas y savarins y a diversos dulces.
- Coucher: Colocar, con una manga pastelera, la masa para choux sobre una bandeja de horno.
- Confitar: introducir y cocer las frutas en un almíbar para conservarlas más tiempo o en un almíbar con más punto para conseguir frutas confitadas.
- Coller: Incorporar gelatina a una preparación para darle soporte o favorecer que tome una textura gelatinosa.
- Cornet: cucurucho de papel o plástico, a modo de pequeña manga que se utiliza para realizar decoraciones muy finas, escribir, realizar cenefas, etc.
- Cortar: dícese de una crema o salsa, cuando se separan sus ingredientes, también a la acción de cortar una preparación con la ayuda de un cuchillo o sierra.
- Correa: Mezcla de yemas de huevo y de azúcar en polvo, trabajada en caliente o en frío, cuya consistencia es lo bastante lisa y homogénea para que fluya sin romperse cuando se la deja caer de una espátula o batidora (ejemplo: la masa para genovesa hace correa)
- Coulis: salsa o mermelada de frutas u otras materias primas, de ligera consistencia.
- Cribar: frotar un producto, mezcla o sustancia contra el fondo de una criba, para separar algunas partículas; por ejemplo las avellanas tostadas para quitarles la piel.
- Crémer: Trabajar una materia grasa, como mantequilla, sola o con azúcar, para darle la consistencia de una crema.

- Crever: Eliminar una parte del almidón del arroz hirviendo rápidamente los granos en agua salada. Esta operación favorece la cocción del arroz con leche.
- Cribar: frotar un producto, mezcla o sustancia contra el fondo de una criba, para separar algunas partículas; por ejemplo las avellanas tostadas para quitarles la piel.
- Cristalizar: se llama cristalizar al azúcar hervido con punto para escarchar cuando se enfría y forma cristales.
- Crocante: preparado de pastelería, compuesto por azúcar y frutos secos tostados y semicaramelizados. Normalmente se utiliza triturándolo y convirtiéndolo en granillo para rebozar elaboraciones de pastelería.
- Cuajar: espesar por la acción del calor una preparación líquida en la que intervengan ingredientes que faciliten su coagulación (huevos, fécula, etc.)
- Cubrir: tapar una elaboración por medio de una salsa, crema, gelatina, chocolate, etc.
- Cuerpo: se dice de una masa que tiene cuerpo, cuando presenta una estructura elástica, después de amasarla enérgicamente, se desarrolla el gluten para obtener unas buenas cualidades, elasticidad, tenacidad y cohesión.
- Dar cuerpo: trabajar una preparación amasándola bien para darle una buena calidad plástica.
- Dar forma de teja: Depositar sobre una superficie, una masa, un postre, etc., ciertos elementos de naturaleza y forma similar (rodajas de fruta, por ejemplo) montándolos como si fueran escamas o tejas.
- Decantar: 1 Trasvasar un líquido turbio después de haberlo dejado reposar el tiempo necesario para que las impurezas en suspenso se depositen. 2 Retirar de ciertas preparaciones los elementos aromáticos que no hay que utilizar después.

- Decorer: Bajar bruscamente el grado de cocción de un líquido, incorporándole un elemento líquido o sólido para darle una consistencia esponjosa.
- Densidad: relación entre la masa del volumen dado de un cuerpo y la del mismo volumen de agua a 4ºC. La medida de la concentración de azúcar (en particular para la elaboración de confituras, caramelos y confites) se indica actualmente en densidad y no en gados Baumé. Para calcularla, se emplea un pesa almíbares flotante de cuello graduado, que se hunde más o menos en el líquido.
- Desbarbar: retirar los restos que suelen quedar después de una glaseado o caramelizado, o incluso de chocolate con ayuda de tijeras o cuchillo.
- Descorazonar: quitar el corazón de algunas frutas que contienen hueso o simientes por medio de un utensilio.
- Deshuesar: retirar los huesos de ciertas frutas con ayuda de una deshuesador, cerezas, aceitunas, ciruelas, etc..
- Desmoldar: retirar con cuidado una preparación caliente o fría de un molde por ejemplo, bizcocho, quiche, torta, mousse, etc.
- Desecar: Eliminar el exceso de agua de una preparación calentándola a fuego lento. Se emplea más específicamente para la primera cocción de la masa para choux. La mezcla de agua, mantequilla, harina, sal y azúcar se trabaja vivamente a fuego fuerte, con una espátula, hasta que la masa se despegue de las paredes del recipiente. Esto permite que el agua sobrante se evapore antes de la incorporación de los huevos y la segunda cocción en el horno.
- Desmoldar: retirar con cuidado una preparación caliente o fría de un molde por ejemplo, bizcocho, quiche, torta mousse, etc.
- Détendre: dar una consistencia blanda a una masa o una mezcla añadiéndole un líquido o una sustancia determinada, como leche o huevos batidos.

- Détrempe: Mezcla de harina y agua en proporciones variables: es el primer estado antes de incorporarle otros elementos (mantequilla, huevos, leche, etc.)
- Détremper: en una masa, hacer que la harina absorba toda el agua necesaria amasándola con la punta de los dedos, sin trabajarla demasiado.
- Doblar: acción de plegar una masa, por ejemplo el hojaldre.
- Dresser: disponer armoniosamente en un palto los elementos de una preparación.
- E
- Effiler: Cortar en láminas finas y longitudinales almendras, pistachos, etc.
- Emborrachar: calar o bañar una elaboración en almíbar aromatizado con algún licor.
- Emborrizar: rebozar cualquier elaboración con azúcar en grano.

- Émincer: cortar frutas en rodajas, láminas o círculos más o menos finos y, se puede ser, del mismo grosor.
- Empanizar: se demoniza al almíbar que, por su defectuosa elaboración, se convierte en granillo blanquecino.
- Empapar: hacer penetrar bien un líquido en una elaboración para que presente un aspecto esponjoso, además de aportarle sabor; por ejemplo, jarabe, alcohol, licor, etc.
- Emulsionar: se denomina así al batido de huevos o yemas, bien solos o mezclándolos con otros ingredientes como por ejemplo, azúcar, mantequilla, aceite, etc. (Capuchina, bizcochos, cakes, etc.); también se pueden emulsionar otros ingredientes o mezclas de ellos siempre que se introduzca aire mediante unas varillas.
- Encamisar: cubrir las paredes interiores de un molde con un género como pasta, bizcocho, etc. Dejando un hueco central para rellenarlo de distinto sabor o color.

- Endurecer: dar más consistencia y solidez a una elaboración, depositándola más o menos tiempo en una cámara de refrigeración para poder trabajarla mejor a la hora de glasearla o acabarla.
- Enfondar: cubrir un molde con una masa.
- Enfondanar: cubrir con fondant cualquier elaboración, principalmente repostería mini.
- Engranillar: tapar los laterales o bordes de una tarta o pastel con granillo de almendra, crocante, fideo de azúcar o escamas de chocolate.
- Enharinar: Cubrir un alimento con harina o empolvar con ella un molde o una mesa de trabajo.
- Enmoldar: verter en moldes ciertas elaboraciones para que tomen la forma del mismo; por ejemplo, magdalenas, sabarinas, brioche, etc., también se utilizan para las cremas frías como perfectos, mousses, etc.
- Envolver: aplicado al hojaldre: se denomina a la acción de introducir la grasa en el interior de la masa para envolverla y proceder al plegado del hojaldre.
- También se enharina un mármol o una bandeja de pastelería antes de extender o trabajar una masa o para que ésta no se adhiera.
- Envolver o rebozar: 1 Cubrir un alimento totalmente con una capa más o menos gruesa de una preparación. 2 Cubrir pastas, golosinas, etc., con chocolate, fondant o azúcar cocido.
- Escaldar: así se le denomina a las pastas que se preparan al fuego tales como el petisú, los churros, mazapán, etc.,m para eliminarle parte de la humedad mediante el escaldado.
- Escarchar: cubrir una elaboración con un almíbar a 33°C; pasado un tiempo sacarla y escurrirla y, una vez fía, quedará cubierta de una fina capa de azúcar que parecerán cristales brillantes.
- Escudillar: formar piezas o figuras con manga y boquilla, generalmente para hornear; este término es aplicable a muchas otras elaboraciones.

- Espesar: una elaboración por medio de calor cuajándolo o incorporándole alguna materia prima específica para tal función.
- Espolvorear: cubrir la superficie de una elaboración con caco en polvo, azúcar glace u otros productos.
- Estirar: Operación que consiste en extender el azúcar cocido a punto de quebrado grande y plegarlo repetidamente sobre sí mismo para satinarlo.
- Estufar: acción de introducir una elaboración de masa de levadura para que, con la acción del calor que produce la estufa, fermente antes de hornear a freír.
- **F**
- Festonear: Dar a ciertos pasteles un "fedstón" borde dentado redondeado.
- Farsa: mezcla compuesta de varios géneros pasados por un túrmix, cútter, cedazo o tamiz.
- Fermentar: acción de fermentar una masa de levadura entre el tiempo que comprende entre el formado y el horneado.
- Flamear: pasar por una llama sin humo un género.
- Flambear: término que se utiliza cuando se hace arder un género, normalmente alguna materia prima específica para tal función
- Florones: medias lunas pequeñas de pasta de hojaldre o pasta de petisú que se utilizan para decoración o guarnición de platos.
- Foissoner: batir con fuerza claras de huevo, crema de leche u otra preparación para que tome volumen al incorporar muchas burbujitas de aire
- Fonsear: recubrir el fondo y las paredes de un molde con una capa de masa extendida, adaptándola bien a la forma y el tamaño, recortándola con la ayuda de un muelle o pasando el rodillo por los bordes del molde, una vez forrado, para eliminar el excedente.
- Frapper: enfriar rápidamente una crema, un licor o una mezcla.
- Frémier: cuando se trata de un líquido, cocer sin que llegue a hervir.

- **G**
- Garrapiñar: acción de caramelizar almendras u otros frutos secos al fuego con azúcar en grano.
- Glasear: 1 Cubrir dulces calientes o fríos, con una capa fina de cobertura de fruta o de choclate (llamada "espejo") para dejarlos brillantes y apetitosos. 2 Cubrir la parte superior de un pastel con una capa de fondant, de azúcar glas, de jarabe, etc.
- 3 Espolvorear con azúcar glas al final de la cocción, un pastel un dulce de cocina, un suflé, etc., para que la parte superior caramelice y se ponga brillante. 4 Poner una preparación a enfriar sobre hielo triturado antes de consumirla muy fría.
- Glasera: utensilio compuesto de una rejilla y caja adaptable a su tamaño, empleada para bañar y escurrir simultáneamente piezas con glasa.
- Glucosa: jarabe espeso, viscoso y transparente que se obtiene por la sacarificación del almidón de ciertos vegetales, generalmente el maíz.
- Gommer: 1 extender con un pincel goma arábiga vegetal derretida sobre petits-fours al sacarlos del horno para darles un aspecto brillante. 2 Cubrir de una capa muy fina de goma arábiga vegetal derretida, guirlaches o bien pralinés antes de cubrirlos
- **H**
- Helar: hacer helado o sorbete mediante la introducción de una preparación o mix en la heladora o sorbetera.
- Heñir: trabajar una masa de levadura con las manos en acción de plegar o bolear, por ejemplo el pan, brioches, etc.
- Hidratar: incorporar o añadir un líquido en una sustancia sólida para conseguir la mezcla perfecta de ambas; por ejemplo la absorción de agua por harina.
- Hojaldre: preparar una masa con grasa, de manera que al hornear crezca por hojas o capas, que tenga una estructura regular de finas y crujientes capas superpuestas de masa y grasa.

- Homogeneizar: operación que consiste en dividir los glóbulos grasos de ciertas sustancias líquidas, por ejemplo la leche, en pequeñísimas partículas, bien por un proceso mecánico, bien por la fuerza centrífuga, para impedir que se agrupen en la superficie, permitiendo aportar a los líquidos una textura más homogénea; también aplicable a la acción de trabajar una mezcla de ingredientes hasta obtenr la completa unión e integración entre ellos.
- Humedecer: dar agua o líquido a una lata ates de depositar en ella una elaboración, o una masa cruda de levadura para evitar que se costre.
- **I**
- Infusionar: acción de añadir agua o un líquido hirviendo sobre otro producto para extraer su color, sabor y aroma.
- Igualar: alisar un bizcocho, recortar algunas piezas para que resulten iguales.
- Incorporar: introducir o añadir un producto aotro para que se mezclen y formar una mezcla completa.
- Invertido: se aplica aun tipo de azúcar, de un bajo poder edulcorante, que se consigue transformando la sacarosa en glucosa y fructuosa por hidrólisis.
- **J**
- Jalea: extracto gelatinoso y espeso de frutas que se obtiene de la cocción de las semillas y las peladuras de éstas con agua y su reducción por evaporación al fuego.
- Jarabe: mezcla de azúcar y agua cocida, que puede tener distintos puntos según su utilización y que se puede aromatizar o no.
- **L**
- Laminar: función de estirar una masa (normalmente hojaldrada) con rodillo a mano o deforma mecánica con laminadora.
- Levadura: Masa sólida que se obtiene por diferentes sistemas y de diferentes materias, principalmente de un hongo unicelular y, que

se emplear para fermentar distintas masas de pastelería. Existen varios tipos de levadura, pero básicamente su utilizan la química y la fresca o biológica.

- Ligar: unir distintos ingredientes de una elaboración por medio de fécula, almidón, harina, yemas de huevo, etc., o bien por medio de una emulsión, la acción del calor, etc.
- Leudar: expresión equivalente a fermentar una masa de levadura fresca.
- Liofilizar: desecar productos previamente congelados, mediante la sublimación del hielo formado por acción del vacío.
- Lustrar: espolvorear de azúcar glace una preparación de pastelería.
- **M**
- Macedonia: mezcla de varios tipos de frutas naturales, cortadas en dados de forma regular, macerada en almíbar, zumo o licor.
- Macerar: poner frutas peladas o frutas pasas enteras o cortadas en compañía de una almíbar, vinos, licores, etc., para que tomen sabor de éstos.
- Marmorizar: acción de decorar un pastel con un glaseado bicolor, dándole apariencia de mármol.
- Masa madre: cultivo de levadura salvaje y de microorganismos diversos en una mezcla de harina y agua, de consistencia bastante firme, que se utiliza para dar más consistencia a las masas de levadura.
- Matar: término que se utiliza generalmente con el fondant que, mediante esta acción conseguimos convertir el fondant líquido y transparente en sólido o pasta y totalmente blanco.
- Moldear: poner un preparado dentro de un molde ara que tome la misma forma, o bien darle la forma deseada con las propias manos.
- Mondar: retirar la piel que envuelve a ciertas frutas y frutos, principalmente los frutos secos y algunas clases de frutas, las cuales se lavan, se escaldan en agua hirviendo y se enfrían, para facilitar este trabajo.

- Montar: al igual que batir, es la función de emulsionar por medio de una máquina o a mano, cualquier preparado incorporando aire en la mayor parte de los casos (nata, crema, huevos, mantequilla, etc.).
- **N**
- Nieve (a punto de): se le denomina así a las claras montadas que se asemejan a la nieve o el algodón.
- **P**
- Pasteurizar: acción de calentar una mezcla líquida a una temperatura de 60 65°C durante 30 minutos, seguido de un brusco enfriamiento a 6°C
- Pastón: porción de masa de hojaldre o croissant, al que se le ha incorporado la grasa, y que ya se ha plegado.
- Perfumar: sinónimo de aromatizar, impregnar o añadir un perfume o un aroma a una preparación.
- Pinchar: hacer pequeños agujeros en una masa, con un tenedor o con un rodillo de púas, para evitar que en la cocción se encoja o se abombe.
- Pintar: aplicar con un pincel o brocha, una capa de huevo en la superficie de algunas elaboraciones antes de hornear, para que adquieran un color dorado, también se utiliza este término para dar color a mano, pistoa o aerógrafo a ciertas elaboraciones artísticas.
- Plegar: operación que consiste en extender un pastón de hojaldre o crossant con el rodillo o a máquina en forma de rectángulo para ir procediendo a darle los diferentes pliegues al hojaldre.
- Pomada: mantequilla grasa o crema que se trbaja para ablandarla y darle consistencia de pomada.
- **Q**
- Quemar: se aplica a preparaciones que han cocido incorrectamente o demasiado; también se aplica a elaboraciones que se queman con un poco de azúcar con la ayuda de una placa de quemadura.

- **R**
- Rebajar: Añadir un elemento húmedo a un preparado para hacerlo más líquido.
- Rebañar: término que se utiliza para expresar cómo recoger una preparación de una recipiente con ayuda de una rasqueta o una lengua.
- Reducir: disminuir el volumen de una preparación por efecto de evaporación por medio de una ebullición prolongada, con el fin de obtener un producto con más concentración de sabor y consistencia.
- Recortar: cortar las orillas de una elaboración para dejarla en condiciones de trabajar o servir; recortar los laterales de un bizcocho, las esquinas de un flan, etc.
- Recortes: se denomina así a los restos de hojaldre que sobran después de la realización de las piezas.
- Reforzar: añadir a una salsa, sopa o similar, un preparado que intensifique su sabor o color natural, sinónimo en algunos casos de enriquecer o potenciar.
- Rejilla: tela metálica con pequeñas patas que habitualmente acopla en la candidera y, que se utiliza para dejar escurrir ciertas elaboraciones después de bañado o calado.
- Rellenar: proceder a llenar con diferentes cremas, mousses, etc. En el interior de ceritas elaboraciones o masas.
- Remontar: una elaboración o preparado para conseguir devolverle su aspecto y textura, por ejemplo a una nata montada con anterioridad y, que con el tiempo ha perdido sus consistencia y aspecto.
- Revenir: absorber humedad un preparado seco.
- Revestir: verter y formar una capa de azúcar cocido o gelatina sobre las paredes de un molde; también forrar un molde con papel para evitar que se pegue la elaboración depositada sobre él.

- Rezumar: se dice de la salida de grasa o líquido de una masa o de otra preparación del interior al exterior, detectándose visiblemente en su superficie.
- Romper: hacer que una pasta recupere su volumen original, tras un tiempo de fermentación, plegándola varias veces sobre sí, y conseguiremos para momentáneamente o retrasar la producción de gas que produce la fermentación y con ello obtendremos una pasta con más fuerza y un resultado, en el desarrollo final máximo.
- **S**
- Salsa (Coulis): preparación, aliño, condimento líquido en base a ingredientes muy variados que sirve y utiliza como acompañamiento de diversos preparados a la hora de emplatar.
- Sacabocados: cortapastas generalmente metálico que se utiliza por ejemplo para extraer el círculo de masas central de un vol-au-vent.
- Satinar: acción que denomina el trabajo que se le da al caramelo en caliente para conseguir que obtenga un brillo blanquecino.
- Secar: al horno, poner en un horno a baja temperatura, ciertas sustancias o productos para desprenderlos de toda o parte de la humedad.
- Sellar: operación que consiste en cerrar o pegar los bordes de dos capas de masa utilizando para ello, agua, o huevo batido, para que el relleno se mantenga en su interior sin salirse al hornear.
- Solidificar: se denomina al caramelo cuando se va enfriando y adquiere consistencia en su textura, aplicable a otras materias primas.
- **T**
- Tender: formar piezas sobre una lata con ayuda de una manga y boquilla con la manga inclinada, antes de hornear.
- Trabajar: remover, amasar una pasta o género para conseguir homogenizarla.

- Tomar (cuerpo): denominación que se le da una masa cuando comienza aligar en su amasado, también cuando se cuaja una crema y comienza a espesar.
- Tresbolillo: se refiere a la colocación de las piezas en una lata colocándolas en filas cruzadas, aprovechando los huecos de la fila anterior, para facilitar la cocción.
- Triturar: aplastar frutas cocidas o no y pasarlas por un tamiz para convertirlas en pu´re; también se denomina a la acción de trocear frutos secos a mano o con un cútter o molinillo especial.
- **U**
- Uperizar: procedimiento U.H.T de estabilización de la leche, a muy alta temperatura (140-150°C) durante 2 segundos seguido de una enfriamiento inmediato.
- **V**
- Vaciar: el corazón, extraer la parte central de la manzanas, peras, etc. (semilla); extraer la carne de una fruta sin estropear el exterior, por ejemplo la naranja o el limón para rellenarlos.
- Vapor: vapor de agua que se aplica en el horno a algunas elaboraciones como el pan; vapor que se desprende por la ebullición de un líquido.

Volcán: hueco que se hace con la mano en un montón de harina colocado sobre la mesa de trabajo en forma de corona, con el fin de retener los líquidos que contiene la masa que vamos a elaborar.

RA4. Obtiene masas y pastas de múltiples aplicaciones, justificando su composición y aplicando las técnicas relacionadas

MASAS HOJALDRADAS

BOLLERIA HOJALDRADA

(PARA CROISSANTS Y NAPOLITANAS)

INGREDIENTES

- Harina media fuerza 1kg
- Levadura fresca 35g o 15g si es liofilizada
- Sal 20g
- Manteca de cerdo 100g
- Agua 500ml
- Margarina 400g

ELABORACIÓN

- Hacemos un volcán con la harina anteriormente tamizada.
- En su interior ponemos la manteca, la sal, y poco a poco añadimos el agua mientras vamos amasando.
- Una vez amasado voleamos la masa y cortamos en forma de cruz. Estiramos con rulo las cuatro partes y en su interior ponemos la margarina, arropamos, aplastamos un poco con el rulo y empezamos a dar el volteado.

1) 1ª y 2ª vuelta sencilla
2) 3ª vuelta doble
3) 4ª y 5ª sencilla

DULCES QUE SALEN DE LA BOLLERIA HOJALDRADA

a) Croissants
b) Caracolas
c) Palmeras de coco
d) Napolitanas
e) Bretzel
f) Tartaletas de piña
g) Saladitos

CROISSANTS

INGREDIENTES

- Harina floja 500g
- Harina fuerte 500g
- Agua 450g
- Mantequilla 100g
- Levadura fresca 60g o 30g si es liofilizada
- Leche en polvo 50g
- Huevo 1
- Azúcar 40g
- Sal 20g
- Harina malta 10g
- Mantequilla hojaldre 500 g

ELABORACIÓN

- Amasar a mano formando un volcán con los sólidos excepto los 500g de mantequilla de hojaldre y añadir los elementos más líquidos amasando poco a poco sin romper el volcán.
- Para amasar en máquina introducir primero los líquidos y por último los sólidos toda la vez, excepto los 500g de mantequilla de hojaldre.
- Reposar 20 minutos en bloque en cámara.
- Hacer corte en cruz.
- Estirar formando una cruz
- Poner en el centro la mantequilla en pomada que debe estar a la misma temperatura que la masa (La masa se llama plastón)
- Cerrar cubriendo bien formando un paquete.
- Con golpes suaves comenzar a extender la masa.
- Estirar formando un rectángulo.
- Dar una vuelta simple y dejar reposar en cámara 2 horas.
- Sacar de cámara, estirar formando rectángulo y volver a dar una vuelta simple. Introducir en cámara 2 horas.

- Sacar de cámara, estirar formando rectángulo y volver a dar una vuelta simple. Introducir en cámara 2 horas.
- Estirar y cortar con la forma perfecto para formar el croissant gracias al cortador de croissant o haciéndolo nosotros con el cuchillo.
- Enrollar Y dejar fermentar.
- Pintar con Y hornear a 200°C si es en horno de convención o a 220°C si es en horno de solera.

HOJALDRE COMÚN (Francés)

INGREDIENTES

• Harina floja	500g
• Harina media fuerza	500g
• Agua	500ml
• Manteca de cerdo	80g
• Sal	20g
• Margarina de hojaldre	900g

ELABORACIÓN

- Hacemos un volcán con la harina anteriormente tamizada.
- En su interior ponemos la manteca, la sal, y poco a poco añadimos el agua mientras vamos amasando.
- Una vez amasado voleamos la masa y cortamos en forma de cruz.
- Estiramos con rulo las cuatro partes y en su interior ponemos la margarina, arropamos, aplastamos un poco con el rulo y empezamos a dar el volteado.

a) 1ª y 2ª vuelta sencilla
b) 3ª vuelta doble
c) 4ª y 5ª sencilla

Para las palmeras ponemos en la última vuelta azúcar tamizada y procedemos a elaborarlas.

a) Palmeras
b) Cañas de sidra
c) Saladitos
d) Cañas de chocolate
e) Búlgaros de sidra
f) Empañadas

g) Molinillos
h) Orejones
i) Turtel
j) Sacristanes
k) Bandas de fruta
l) Locas
m) Torta inglesa
n) Solomillo Wellington
o) Almendrados
p) Rosquillos de huevo mol

HOJALDRE INVERTIDO (BRASILEÑO)

INGREDIENTES

1er Componente: Para la grasa

- Mantequilla 1kg
- Harina 500g

2º Componente: Para el empaste (plastón)

- Harina 700g
- Agua 350g
- Sal 5g
- Mantequilla 50g

ELABORACIÓN

- Mezclar el primer componente empomando la mantequilla.
- Estirar sobre papel de horno un rectángulo y meter en cámara.
- Amasar el segundo componente.
- Formar un rectángulo 1/3 más pequeño que el 1er componente (Grasa).
- Colocarlo sobre la grasa (1er componente),
- Realizar vuelta simple introduciendo la mantequilla lo primero.
- Dar dos vueltas simples más reposando como siempre 20 minutos cada vuelta en cámara.

HOJALDRE RÁPIDO

INGREDIENTES

- Harina fuerte 1kg
- Agua 600g
- Sal 5g
- Mantequilla 800g

ELABORACIÓN

- Amasar todo excepto la mantequilla, que se añade fría y troceada en último momento, para que no llegue a mezclarse con la masa principal.
- Reposar 20 minutos en cámara.
- Realizar 4 vueltas simples

CARLITOS MALAGUEÑOS

INGREDIENTES

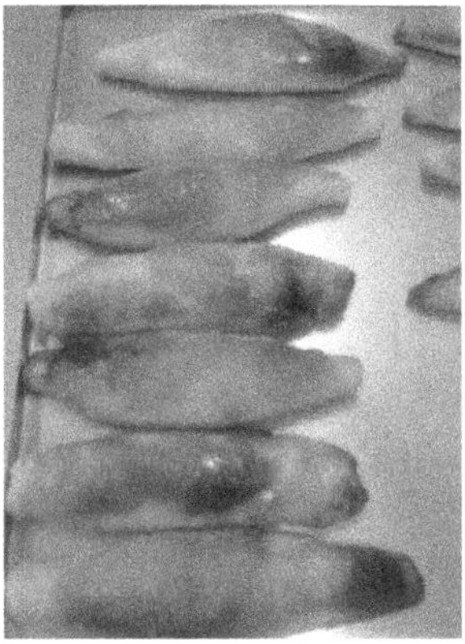

• Agua	500ml
• Aceite de oliva	500ml
• Harina floja	670g
• Harina de media fuerza	585g
• Harina gran fuerza	250g
• Azúcar	25g
• Sal	25g

ELABORACIÓN

- Amasar por el orden de la formula.
- Cuadramos la masa con el rulo.
- Bañamos con aceite y espolvoreamos con harina.
- Pasamos el rulo y barremos con el cepillo.
- Bañamos otra vez y repetimos operación. (Ver en Youtube "Baño de bollos de aceite" de David Blanco)
- Formamos con la forma como para cortar palmeras.
- Cortamos trozos de 30 a 40g.
- Estiramos con rulo mini.
- Rellenar y cerrar con agua
- Pintar con aceite.
- Espolvorear con azúcar.
- Hornear a 200ºC

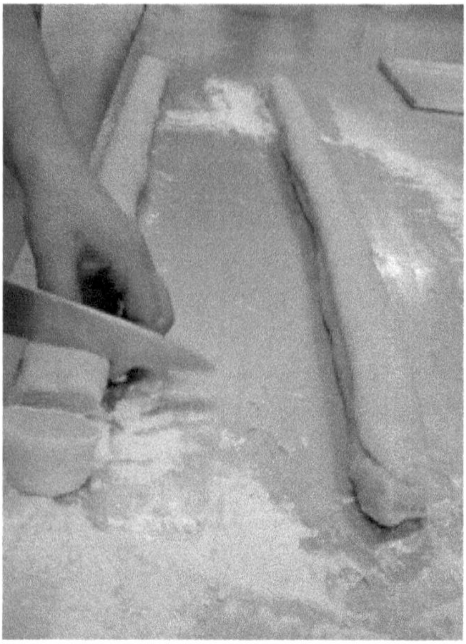
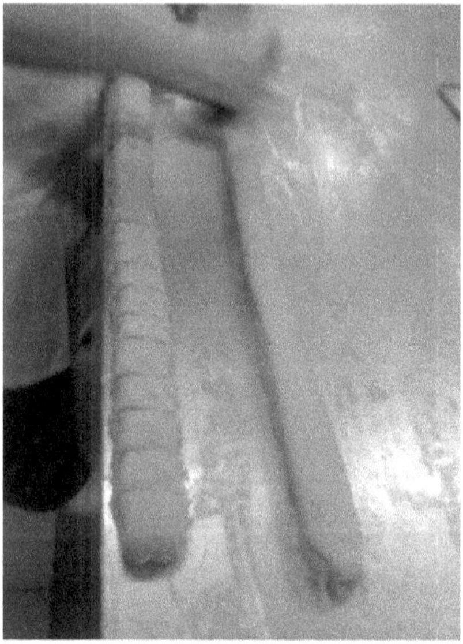

MASAS BATIDAS O ESPONJADAS

BIZCOCHO DE MOLDE CASERO

INGREDIENTES

- Huevos 6
- Azúcar 220g
- Impulsor 5g
- Harina floja 120g
- Maicena 100g

ELABORACIÓN

- Montar los huevos con el azúcar hasta que triplique su volumen y se ponga blanquecino.
- Espolvorear la harina, el impulsor y la maicena embutiendo poco a poco, lentamente y con cuidado para que no se baje.
- Forrar molde con mantequilla y harina, colocando en el fondo de dicho molde un trozo de papel de horno para asegurarnos el desmoldado después de la cocción.
- Hornear a 180ºC en horno de convección o a 200ºC en horno de solera (sin ventilador).

BIZCOCHO DE YOGUR

INGREDIENTES

- Yogur del sabor deseado 1
  Con el mismo vaso medimos:
- Aceite de oliva ½ vaso
- Azúcar 2 vasos
- Harina floja 3 vasos
  Impulsor 16g
- Huevos 4
- Opcional: Ralladura de naranja o limón, pepitas de chocolate, cacao en polvo (no colocado), agua de azahar, etc....

ELABORACIÓN

- Mezclar todo bien con ayuda de batidor de mano(varilla) o batidora eléctrica
- Introducir la mezcla en un molde forrado con mantequilla o aceite y harina.
- Hornear a 180º unos 20-30 minutos hasta que pinchándolo con brocheta, ésta no se manche en el interior del bizcocho.
- Dejar enfriar antes de comer

BIZCOCHO ECONÓMICO

INGREDIENTES

- Huevos 17
- Azúcar 500gr
- Emulsionante 100g
- Agua 500ml
- Harina floja 1100g
- Impulsor 40g

ELABORACIÓN

- Ponemos en la batidora el agua, el azúcar, los huevos y el emulsionante, batimos durante 5 o 6 minutos y agregamos la harina y el impulsor, y batimos 5 o 6 minutos más.
- La batida esta lista cuando se ve por encima que se forma una corona.
- Escudillar las piezas deseadas.

BIZCOCHO GENOVÉS

INGREDIENTES

- Huevos 6
- Azúcar 200g
- Harina Floja 200g
- Mantequilla 50g
- Ralladura Limón

ELABORACIÓN

- Montar los huevos con el azúcar en maquina hasta que suba 3 veces su volumen.
- Calentar un poco la mantequilla para fundirla.
- Ponerla a temperatura ambiente.
- Añadirlo a hilo fino al huevo montado sin dejar de batir con la varilla como montando una mahonesa
- Mezclar la harina con la ralladura de limón.
- Embutírsela poco a poco con varilla a mano a la mezcla de huevo, azúcar y mantequilla.
- Escudillarlo con manga pastelera sobre bandeja con papel de horno.
- Hornear a 200°C.

BIZCOCHO SABLEUX

INGREDIENTES

- Huevos 6
- Azúcar 200g
- Harina Floja 100g
- Almendra Molida 100g
- Mantequilla 50g
- Azúcar glass
- Almendra fileteada

ELABORACIÓN

- Montar los huevos con el azúcar en maquina hasta que suba 3 veces su volumen.
- Calentar un poco la mantequilla para fundirla.
- Ponerla a temperatura ambiente.
- Añadirlo a hilo fino al huevo montado sin dejar de batir con la varilla como montando una mahonesa
- Mezclar la harina con la almendra molida (harina de almendra).
- Embutírsela poco a poco con varilla a mano a la mezcla de huevo, azúcar y mantequilla.
- Escudillarlo con manga pastelera sobre bandeja con papel de horno.
- Espolvorear con azúcar glass y almendra fileteada.
- Hornear a 200ºC.

BIZCOCHO SACHER

INGREDIENTES

- Yemas 10
- Claras 10
- Mantequilla 200g
- Azúcar glass 150g
- Cobertura de chocolate 200g
- Azúcar 180g
- Harina floja 200g
- Impulsor 6g

ELABORACIÓN

- Montar la mantequilla con el azúcar glas.
- Añadir la cobertura fundida, incorporar las yemas 1 a 1 sin dejar de batir. Montamos las claras a punto de nieve con el azúcar.
- Unir los dos batidos, incorporar la harina con el impulsor embutiendo poco a poco.
- Poner en un molde encamisado.
- Hornear a 180ºC 25 minutos aprox.

BIZCOCHO SIN HUEVOS

INGREDIENTES

- Harina Yolanda 500g
- Azúcar 200g
- Leche 500ml
- Aceite 200ml
- Ralladura de 1 limón
- Impulsor 25g

ELABORACIÓN

- Batimos la leche con el azúcar, la ralladura y el aceite.
- Echamos la harina con la levadura.
- Una vez mezclado, engrasamos el molde y rellenamos.
- 180ºC 45 min. aprox.

BIZCOCHO DE MICROONDAS

EN VASO DE PLASTICO Y CON SIFÓN

INGREDIENTES

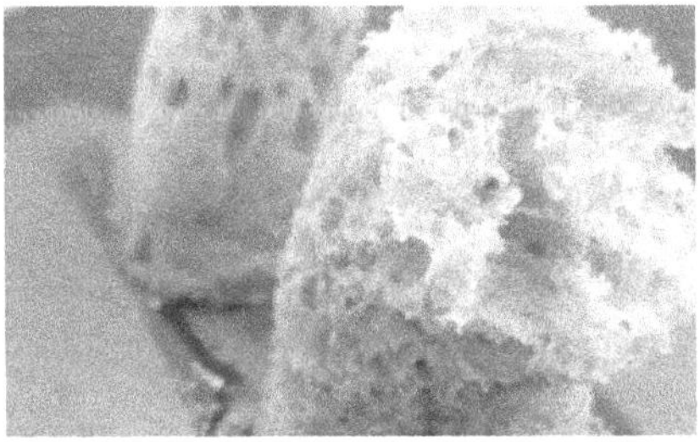

- Praliné 160g
- Azúcar 160g
- Harina 40g
- Huevos 6

ELABORACIÓN

- Mezclar
- Introducir en sifón, y reposar, echar una cuarta parte de un vaso de plástico, típico de cumpleaños. Comprobar tiempo de 30-50 segundos según microondas.

BIZCOTELA BLANCA

INGREDIENTES

- Yemas 12
- Claras 625ml
- Azúcar 625g
- Harina floja 750g
- Impulsor 35g

ELABORACIÓN

- ➢ Montar las yemas con la mitad del azúcar, montar las claras con el resto del azúcar.
- ➢ Unir los dos componentes y agregar la harina tamizada y el impulsor.
- ➢ Escudillar discos en papel de horno, horneamos a 200ºC.
- ➢ Una vez horneado unimos dos discos con crema pastelera.
- ➢ Cortamos por la mitad.
- ➢ Montamos un merengue con menos azúcar para cubrir las bizcotelas y un poco de azúcar glas y dejamos secar en el horno a 80 grados.
- ➢ Cuando estén secos y fríos se les pone por el lado un poco de pasta de yema.

CUPCAKE DULCE DE LECHE

INGREDIENTES

- Huevos medianos (M) 3
- Azúcar 130g
- Mantequilla 150g
- Dulce de leche 150g
- Harina de repostería 200g
- Levadura química, impulsor, gasificante o levadura royal 16g
- Dulce de leche (Para interior) 50g

ELABORACIÓN

- Montar los huevos y el azúcar.
- Añadir la mantequilla derretida a hilo fino. En este punto encendemos el horno a 170ºC.
- Calentar el dulce de leche y añadir poco a poco mezclando con pala o varilla con cuidado que no se baje.
- Añadir la harina tamizada con la levadura, la vaina de vainilla y mezclaremos bien.
- Rellenar hasta la mitad de la cápsula y meter en el horno que encendimos previamente a 170ºC y horneamos de 20 a 30 minutos.

MACARRONS

INGREDIENTES

- Almendra molida 250gr
- Azúcar glass 250gr
- Clara 90gr
- Azúcar 250gr
- Agua 100gr
- Clara 95gr

ELABORACIÓN

- Mezclar la almendra molida junto con el azúcar glass.
- Añadir los 90g de clara liquida y mezclar con la ayuda de una espátula hasta obtener una masa
- A esta masa añadir el sabor que queramos y el colorante
- Poner a cocer en un cazo los 250 gr azúcar junto con los 100g de agua (almíbar)
- Cuando el almíbar llegue a 110°c ponemos a montar en la batidora los 95g de claras
- Cuando el almíbar llegue a 121°c lo añadimos sobre las claras mientras se siguen montando. (merengue)
- El merengue tiene que seguir montando hasta que este a una temperatura entre 40-45°c
- Luego añadir el merengue a la masa anterior y mezclar hasta obtener una masa un tanto fluida pero sin pasarnos.
- Preparar las latas de horno con papel de horno para una correcta cocción
- Preparar la manga con una boquilla redonda y rellenarla con la masa de macaron
- Dosificar la masa de macaron con la manga dando forma sobre la lata
- Dejar secar a temperatura ambiente 10 minutos
- Cocer.

Cocciones:

a) Macaron blancos pequeños 160ºc 8-9 minutos.
b) Grandes: 160ºc 14-16 minutos

Sabores macaron:

a) Vainilla: Una rama de vainilla Tahití
b) Café: Nescafé 15gr – pasta café 15gr – 15 café molido
c) Rosa-limón: Colorante rosa 8 gotas- aceite esencia 2 gotas
d) Té Matcha: The matcha 6 gr.
e) Chocolate: Pasta cacao o chocolate 200gr
f) Vainilla-chocolate: Una receta de blanco y una de chocolate.
g) Azafrán: 15 hebras de azafrán en la masa
h) Rellenos:
i) Vainilla: Crema mantequilla vainilla con ramas de vainilla Tahití
j) Café: Crema mantequilla con café.
k) Chocolate: Ganache chocolate
l) Chocolate-vainilla: Ganache Chocolate
m) Mazapán limón: Mazapán 500gr- grapa 5gr. Crema de limón 250g Y zumo de Limón
n) Relleno Macaron choco: 500 g. crema mantequilla- 250 gr ganache de chocolate
o) Azafrán: 500gr crema mantequilla-8 gr bergamota zumo o zumo limón
p) Coco-piña: 500gr Mantequilla- 250gr mermelada piña
q) Rosa-limón : 500gr crema mantequilla—250gr crema limón—3 Uds. ralladura de lima
r) Relleno Azafrán : 500gr queso Philadelphia—500gr crema mantequilla
s) Relleno frambuesa: 600gr crema mantequilla—700gr relleno mazapán—300gr pulpa frambuesa

LENGUAS DE GATO

INGREDIENTES

- Mantequilla 400g
- Azúcar glas 400g
- Huevos 8
- Harina floja 500g

ELABORACIÓN

- Montar mantequilla con azúcar glass.
- Añadir los huevos 1 a 1 sin parar de montar.
- Embutir la harina con ayuda de la pala o a mano con lengua pastelera o varilla manual.
- Se escudilla con boquilla lisa.
- Formar palitos de 5 o 6cm.
- Cocer a 180 o 200ºC.
- Se retira cuando estén dorados los bordes.
- Les podemos dar forma poniéndolas encima de un rulo en cuanto salga del horno.

MAGDALENAS

INGREDIENTES

- Azúcar 250g
- Huevos 250g
- Aceite 200g
- Harina floja 300g
- Impulsor 10g
- Aromatizantes. (ralladura de limón, naranja, etc..)

ELABORACIÓN

- Montar los huevos con el azúcar hasta que triplique su volumen
- Añadir a hilo fino el aceite sin dejar de montar
- Embutir con cuidado la harina mezclada con el impulsor y tamizada
- Poner en los moldes y cocer en horno a 250° con suelo 3 y techo al 5. O a 200 a 220°C en horno de convección
- Nota: En piezas grandes, meter las magdalenas a 250° y bajar a 180°

MANTECADAS DE ASTORGA

INGREDIENTES

- Mantequilla 250g
- Harina 250g
- Azúcar 250g
- Canela 5g
- Gasificante, impulsor, levadura royal, levadura química 5g
- Yemas 6
- Claras 3

ELABORACIÓN

- Mezclar la harina, canela y levadura, tamizar.
- Batir la mantequilla con el azúcar hasta que monte y blanquee, añadir las seis yemas una a una y sin parar de batir, mezclar la harina y por último las claras montadas a punto de nieve fuerte.
- Cocer en capsula cuadrada de papel a 180°-190°C

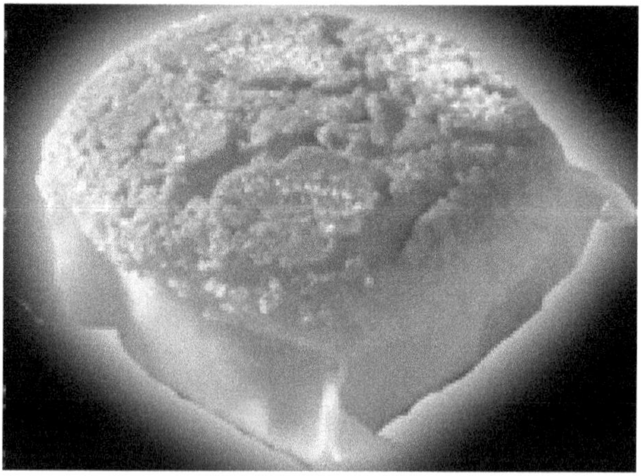

SOBAOS PASIEGOS

INGREDIENTES

- Azúcar 500g
- Mantequilla 500g
- Harina floja 500g
- Huevos 6 - 8
- Sal
- Levadura química, impulsor, gasificante o levadura royal 10g
- La ralladura de 1 limón
- Miel 2 Cucharadas

ELABORACIÓN

- Se mezclan el azúcar con la mantequilla y se añade la sal y la ralladura de limón, seguir amasando.
- Se añaden los huevos poco a poco, al final la harina y la levadura.
- Batir hasta obtener una masa homogénea.
- Colocar la masa en moldes de papel e introducirlos al horno hasta que los sobaos queden bien dorados. 200°C

PLANTILLA DE BIZCOCHO O BIZCOCHO DE SOLETILLA

INGREDIENTES

- Huevos 9
- Azúcar 300g
- Harina 300g

ELABORACIÓN

- ➢ Montar con varilla los huevos y el azúcar en frío hasta que suba 3 veces su volumen y su color sea blanquecino.
- ➢ Sin darle golpes (porque sino se baja) añadimos la harina, tamizada previamente, poco a poco, "embutiendo" o sea incorporando a nuestra emulsión la harina gracias a un movimiento desde abajo hacia arriba con la palma de la mano abierta y los dedos separados, dejando pasar nuestra masa entre medio de los dedos.
- ➢ Escudillar con manga pastelera sobre bandeja de horno con papel antiadherente, en zigzag en diagonal.
- ➢ Hornear a 200ºC unos 8 minutos o hasta que esté dorado.
- ➢ Cuando salga no se le pueden dar golpes y debemos esperar a que enfríe para quitarle el papel.
- ➢ Si lo queremos para hacer un Brazo de gitano o Piononos de Santa Fe o Pio x, nada más salir debemos ponerle un papel encima y otra bandeja empujando hacia abajo para ejercer presión y así conseguimos que sea elástica.

PLANTILLA DE BIZCOCHO DE CACAO

INGREDIENTES

- Huevos 8
- Azúcar 225g
- Harina 200g
- Cacao polvo 50gr

ELABORACIÓN

- Montar los huevos con el azúcar hasta que triplique su volumen y se ponga casi blanco.
- Embutir poco a poco la harina tamizada previamente, y mezclada con el cacao.
- Escudillar con manga sobre bandeja con papel de horno y hornear a 200ºC en horno de convección o 220ºC en horno de solera.

ROSCOS BLANCOS: (Tipo Loja)

INGREDIENTES

- Claras 8
- Yemas 8
- Azúcar 70g
- Maicena 200g
- Harina floja 100g

ELABORACIÓN

- Montar las yemas en la batidora.
- Montar las claras con el azúcar y una vez todo montado se unen, vamos agregando poco a poco la maicena y la harina embutiendo con la mano.
- Escudillar en plancha y con papel los roscos y hornear.
- Preparar pasta de yema para pegar los roscos de dos en dos.
- Preparar un merengue y añadirle jarabe para poder mojar el rosco. Espolvorearle azúcar glas para secarlo. Mojar el rosco y secar en el horno a 180°C.

ROSCOS TONTOS

INGREDIENTES

• Yemas	18
• Huevos	3
• Aceite	250ml
• Azúcar	225g
• Harina floja	625g
• Harina gran fuerza	150g

ELABORACIÓN

- Montar las yemas con los huevos, el azúcar.
- Añadir a hilo fino el aceite sin parar de montar hasta que todo blanquee.
- Añadimos la harina tamizada. Trabajamos la masa.
- Cortamos trozos de 10 a 15g.
- Estirar y pegar los extremos, pintar con yema y hornear.
- Hornear al principio a 210ºC y después bajar el horno am180ºC en cuanto estén dorados por encima.

ROSQUILLAS LISTAS

INGREDIENTES

- Huevos 8
- Aceite 375ml
- Azúcar 1 cucharada
- Harina floja 650g

ELABORACIÓN

- Amasar por el orden este dentro de la maquina amasadora, o del revés si es a mano formando un volcán con los sólidos.
- Hacer pequeñas rosquillas y hornear a 220 grados en horno de solera o 200°C en horno de convección.
- Hacemos un merengue rebajado con un poco menos de azúcar y cubrimos las rosquillas, espolvoreamos con azúcar glas y secamos en el horno a 80 grados.

ROSQUILLOS DE HUEVO FRITOS

INGREDIENTES

- Huevos 500ml
- Aceite 500ml
- Azúcar 500g
- Leche 750ml
- Harina floja 2,5kg
- Harina recia 250g
- Impulsor 50g

ELABORACIÓN

- Amasar todo, estirar y cortar con cortapastas.
- Freír y pasar por jarabe perfumado con anís.
- Emborrizar con azúcar.

SABARINES

INGREDIENTES

Masa madre

- Harina fuerte 250g
- Levadura fresca 50g o 25g si es liofilizada
- Agua 125ml

Masa

- Harina fuerte. 750g
- Mantequilla 200g
- Azúcar 100g
- Huevos 6
- Huevos 12

ELABORACIÓN

- Elaborar una masa de bollería.
- Una vez hecha, añadiremos los huevos restantes de uno en uno, como si fuera una pasta choux.
- Con manga y boquilla, pondremos en los moldes, previamente engrasados y enharinados, sin que llegue a la mitad, los meteremos a fermentar y los coceremos en el horno a 180º-200º.
- Una vez fríos, los bañaremos en almíbar caliente a 18º-20º Baumé, rociándolos con ron y decorándolos con frutas confitadas y bañados de gelatina , pudiendo poner en el agujero central nata montada.

MASAS ESCALDADAS

CHURROS MADRILEÑOS

INGREDIENTES

• Agua	500g
• Aceite	75g
• Sal	7g
• Harina floja	425g

ELABORACIÓN

- Hervir el agua, aceite y sal.
- Añadir de golpe la harina y cocer 1 minuto.
- Meter en churrera y freír.

BUÑUELOS

PROFITEROLES

PASTA CHOUX PARA PROFITEROLES, BUÑUELOS,...

INGREDIENTES

- Agua 1L
- Manteca de cerdo 400g
- Harina 600g
- Huevos de 18 a 20

ELABORACIÓN

- Hervir el agua con la sal y la manteca hasta que esta última quede derretida.
- Añadir de golpe la harina y mover cociendo a fuego medio.
- Dejar reposar de 2 a 3 minutos.
- Añadir los huevos uno a uno, este paso es importante, añado uno y muevo hasta que sea absorbido, y así sucesivamente.
- Escudillar sobre placa con papel de horno y hornear a 200 grados, o freír en sartén con abundante aceite, escurrir bien y espolvorear con azúcar glas. Se pueden rellenar igual que los profiteroles.

a) Profiteroles: Al horno

b) Buñuelos: Fritos

MASAS FERMENTADAS

BOLLERÍA

INGREDIENTES

Para masa madre

- Harina media fuerza ½ kg
- Levadura fresca 75g o 35g si es liofilizada
- Agua 250ml

Bollería

- Harina gran fuerza 1,5kg
- Azúcar 200g
- Sal 40g
- Manteca de cerdo 300g
- Huevos 4
- Agua aproximadamente (se le echa poco a poco) 500ml

ELABORACIÓN

- Una vez fermentado la masa madre agregar al segundo componente (Bollería).
- Se amasa junto y se dividen las piezas.
- Voleamos, formamos y fermentamos.
- Para mejorar la masa podemos añadir más huevos y poner leche en vez de agua.

BOLLERÍA (Sin masa madre)

INGREDIENTES

• Harina gran fuerza	1kg
• Azúcar	200g
• Sal	20g
• Levadura fresca	50g o 25g si es liofilizada
• Manteca de cerdo	200g
• Huevos	2
• Agua	100ml
• Leche	200ml

ELABORACIÓN

- Se amasa por el orden de la fórmula si es a mano, del revés si es a máquina.
- Reposo en bloque de 20 minutos.
- Dividir, heñir, formar, fermentar.
- Freír lentamente u hornear según la pieza
- Para mejorar la masa podemos poner leche en vez de agua.
- Para el roscón de reyes añadimos a la masa ralladura de 1 limón y 1 naranja, 2 huevos más, color amarillo huevo, y agua de azahar o de rosas.

BOLLOS IMPERIALES

INGREDIENTES

1° paso (ponche)

• Levadura fresca	150g o 75g si es liofilizada
• Harina gran fuerza	1kg
• Agua aprox	500ml

2° paso

• Manteca de cerdo	400g
• Sal	80g
• Azúcar	800g

3er paso

• Harina media fuerza	4 kg
• Agua	2L
• Aceite	250ml

ELABORACIÓN

- Amasar el 1° componente y dejar fermentar hasta doblar su volumen.
- Agregar el 2° componente.
- Amasar todo junto hasta lograr una masa fina y elástica.
- Antes de acabar el amasado añadir el 3° componente.
- Dividir la masa en dos tiras a lo largo y ancho del tablero.
- Echar un baño de aceite y enrollar en forma de caracol.
- Cortar porciones de 75g aproximadamente y formar el bollo con un rulo pequeño y liso presionando en el centro de la pieza.
- Hornear a 220grados en horno de solera o a 200°c en horno de convección.
- Añadir gelatina.

BRIOCHES

INGREDIENTES

• Harina fuerza	500g
• Agua	220g
• Sal	5g
• Levadura fresca	30g o 15g si es liofilizada
• Huevos	3
• Margarina	130g
• Azúcar	50g
• Mejorante	5g

ELABORACIÓN

- Amasamos todo, excepto la margarina y la levadura que añadiremos a la mitad del amasado, en amasadora.
- Reposamos 30 minutos, dividimos y boleamos.
- Fermentamos una hora.
- Pintamos con huevo antes de hornear y ponemos azúcar en grano.
- Horneamos 15 minutos a 190ºC.

CHAPATAS

INGREDIENTES

• Harina floja	530g
• Harina fuerza	380g
• Agua	666g
• Sal	16g
• Masa madre	200g
• Levadura	18g
• Mejorante	5g

ELABORACIÓN

- ➢ Amasado de 15 minutos en amasadora, los primeros diez minutos a velocidad 1, y los últimos 5 a velocidad 2.
- ➢ Dejamos reposar en mesa o bandeja de madera enharinada, 1 hora y media
- ➢ Dividimos en barras rectangulares o porciones de 50g aproximadamente.
- ➢ Fermentamos en armario 25 minutos con vapor.
- ➢ Horneamos sin vapor a 190ºC, unos 17 minutos.

CHURROS (Porras)

INGREDIENTES

• Harina gran fuerza	1kg
• Agua	900ml o 900g
• Sal	33g
• Levadura fresca	40g o 20g si es liofilizada

ELABORACIÓN

- Mezclar con varilla
- Fermentar
- Freír
- Escurrir

COLINES

INGREDIENTES

- Harina floja 1000g
- Agua 420g
- Sal 20g
- Levadura fresca 33.5g o 16g si es liofilizada
- Aceite girasol 80ml
- Mejorante 3g

ELABORACIÓN

- Amasar todo, obteniendo una masa homogénea y elástica.
- Dividimos las piezas a 30 g, colocarlos en bandejas.
- Fermentamos unos 20 minutos, y horneamos sin vapor unos 12 minutos a 195°C.

DONUTS

INGREDIENTES

• Harina de gran fuerza	1250g
• Azúcar	160g
• Sal	15g
• Mantequilla	120g
• Agua	250ml
• Huevos	4
• Levadura fresca	50g o 25g si es liofilizada
• Masa madre	500g
• Glasa al agua	500g

ELABORACIÓN

A mano:

- Formar un volcán con la harina, el azúcar y la sal.
- Añadir en el centro la mantequilla en pomada (masajeada hasta que esté cremosa pero no derretida) sin romper el volcán
- Añadir poco a poco el agua sin romper el volcán
- Añadir los huevos 1 a 1
- Incorporar nuestra levadura fresca de panadería
- Mezclar nuestra masa madre
- Fermentar el bolo completo
- Amasar un poco y estirar sobre papel de horno con rodillo a la misma altura "2cm" con ayuda de alguna guía para hacerlo perfecto.
- Cortar con dos cortapastas redondos, uno más pequeño que otro para formar la rosquilla quitando todo el sobrante pero sin mover la rosquilla de ese papel.
- Fermentar los donuts
- Sin moverlos, cortar el papel alrededor del donut
- Poner del revés en freidora con aceite muy lento, el papel se soltará solo y quedará flotando
- Sacar y escurrir.

- Pasar en caliente por glasa al agua.
- Si se nos enfrían los donuts podemos pasarlos por la glasa y meterlos 30 segundos en horno a 200 grados

<u>En amasadora:</u>

- Solo cambiamos la fase de amasado que sería añadiendo los ingredientes en la amasadora en este orden:

1. Agua
2. Huevos
3. Mantequilla en pomada
4. Sal
5. Azúcar
6. Harina
7. Masa madre
8. Levadura

ENSAIMADAS

INGREDIENTES

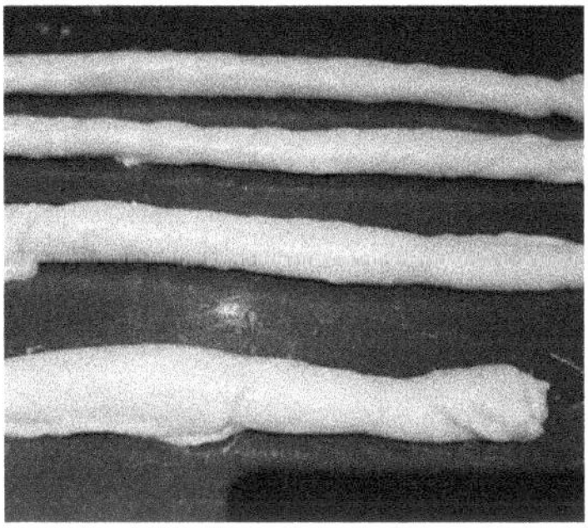

Esponja

- Harina de gran fuerza 250 g
- Agua 250 g
- Levadura fresca 20 g

Plastón

- Esponja 520 g
- Harina de fuerza 750 g
- Agua 200 g
- Azúcar grano 150 g
- Huevos 2 u
- Aceite de oliva 30 g
- Sal 15 g
- Harina de malta 20 g
- Manteca de cerdo 100 g
- Azúcar lustre 30 g
- Cabello de ángel 2kg

ELABORACIÓN

- Realizar la esponja y dejar en cámara 24 horas antes tapado con agujeros para que respire y fermente muy lentamente.
- Al día siguiente sacar de cámara 1 hora antes de usarla.
- Realizar el plastón en máquina, colocando todo de golpe en el bol de la amasadora de líquido a sólido, dejando la esponja aparte para añadirla en el último minuto del amasado.
- El tiempo total de amasado será 4 minutos para el plastón + 1 minuto cuando se añade la esponja.
- Reposar en bloque 20 minutos.
- Amasar 30 segundos.
- Racionar en 80g y heñir (Bolear)

- Estirar con rodillo dejando un grosor muy fino casi transparente.
- Preparar una mezcla de manteca de cerdo atemperada o en pomada.
- Untar la superficie de la masa, introducir relleno en línea y enrollar formando un rulo.
- Reposar 1 hora
- Formar un caracol separado, en bandeja de horno y dejar fermentar toda la noche muy lentamente, unas 10 horas.
- Hornear a 220°C en horno de solera o a 200°C en horno de convección.
- Dejar enfriar y espolvorear con azúcar glass.

MASA DE PIZZA

INGREDIENTES

• Agua	500ml
• Aceite de girasol	50ml
• Huevo	1 (opcional)
• harina media fuerza	1kg de
• Levadura fresca	50g o 25 si es liofilizada
• Sal	25g

ELABORACIÓN

- Amasar en máquina por el orden de la fórmula o justo al revés si es a mano formando un volcán con los sólidos.
- Fermentar en bloque.
- Extender con rodillo y fermentar antes de poner los ingredientes sobre ella.

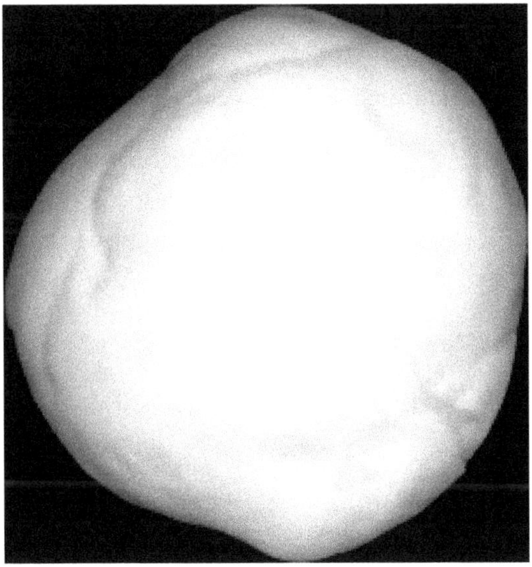

MOLLETES ANTEQUERANOS

INGREDIENTES

- Harina floja 3,400kg
- Mejorante 50g
- Sal 50g
- Levadura fresca 150g o liofilizada 75g
- Agua 1,5L
- Harina para maniobrar

ELABORACIÓN

- Amasar por el orden de la fórmula si es a mano.
- Si es en máquina poner primero el agua y volcar la harina y el mejorante para comenzar a amasar.
- Después de 4 minutos añadir la levadura fresca y amasar 1 minuto más.
- Fermentar en bloque 30 minutos.
- Dividir. Bolear y formar.
- Fermentar y hornear a 210°C en horno de solera o 190°C en horno de convección sin que llegue a colorear o tostar, debe quedar blanco.

PAN COMÚN

INGREDIENTES

• Harina media fuerza	1kg
• Agua	600ml
• Sal	20g
• Levadura fresca	40g o liofilizada 20g

ELABORACIÓN

- ➢ Amasado 14 minutos, Dividimos, boleamos y reposamos 15 minutos.
- ➢ Formamos barras y colocamos en chapas, fermentación 30 minutos.
- ➢ Horneamos con vapor unos 15 minutos a 195ºC.

PAN DE ACEITE

INGREDIENTES

- Harina fuerza 2500g
- Agua 1250g
- Sal 50g
- Masa madre 500g
- Levadura fresca 100g o 50g si es liofilizada
- Aceite de oliva 500ml
- Anises 30g
- Mejorante 10g

ELABORACIÓN

- Amasamos todo, 15 minutos hasta obtener una masa semielástica.
- Dividimos, boleamos y reposamos, 15 minutos.
- Formamos en barras, y fermentamos 45 minutos
- Pintamos con huevo, tallamos en forma de rombo y horneamos 15 minutos a 190°C, con poco vapor.

PAN DE CEBOLLA

INGREDIENTES

- Harina fuerte 500g
- Harina floja 500g
- Agua 600g
- Sal 20g
- Masa madre 200g
- Levadura 50g
- Cebolla 65g
- Mejorante 5g

ELABORACIÓN

- Amasamos todos los ingredientes excepto la cebolla, 13 minutos.
- Añadimos la cebolla y mezclamos bien.
- Dividimos-boleamos y reposamos 15 minutos.
- Formamos el pan redondo, tallando con dos cortes a lo ancho.
- Fermentamos 20 minutos (piezas 50g) y horneamos 14 minutos-190ºC.

PAN INTEGRAL

INGREDIENTES

- Harina integral de trigo 500g
- Harina fuerza 335g
- Agua 500g
- Sal 15g
- Masa madre 170g
- Levadura 35g
- Mejorante 5g

ELABORACIÓN

- Amasado todo el conjunto, 14 minutos.
- Dividimos, boleamos y reposamos 15 minutos.
- Formamos barritas alargadas, y tallamos a lo largo.
- Fermentamos 30 minutos.
- Pintamos con malta, y horneamos con vapor 16 minutos a 190ºC.

PAN DE ACEITUNAS

INGREDIENTES

- Harina floja 500g
- Harina fuerza 125g
- Agua 370g
- Sal 12g
- Masa madre 125g
- Levadura 20g
- Mejorante 5g
- Aceitunas 35g

ELABORACIÓN

- Amasado 13 minutos, masa fina y elástica.
- Añadir las aceitunas (previo secado al horno) mezclar bien con la masa, y dividir (50g)
- Reposo de las piezas de 15 minutos.
- Fermentar unos 25 minutos, tallar si se desea, y hornear con vapor 20 minutos a 200ºC.

PAN DE NUECES

- Misma receta anterior, pero sustituyendo las aceitunas por las nueces.

PAN DE MOLDE

INGREDIENTES

- Harina gran fuerza 1kg
- Agua 600ml (300ml de agua + 300ml de leche si no tengo leche en polvo)
- Mantequilla 80g
- Sal 20g
- Leche en polvo 25g
- Azúcar 40g
- Levadura fresca 40g o 20g de levadura liofilizada

ELABORACIÓN

- Amasar, volear y reposar 10min.
- Forma barras igual de largas que el molde, colocarlas a un lado con el pliegue hacia el vértice del molde.
- Tapar para fermentar 1h y media.
- Cocer en el horno de solera a 200 grados 45 minutos.

PAN DE AJO

INGREDIENTES

• Harina fuerza	500g
• Harina floja	500g
• Agua	650g
• Sal	20g
• Masa madre	200g
• Levadura	40g
• Ajo	50g
• Mejorante	5g

ELABORACIÓN

- Amasar todo excepto el ajo, 14 minutos.
- Añadir el ajo y mezclar hasta que quede una masa homogénea.
- Dividir, bolear y reposar 15 minutos.
- Formar el pan en barritas largas de 50g, tallar a lo largo.
- Fermentar unos 25 minutos, y cocer 14 minutos a 190ºC.

OCHIOS

INGREDIENTES

• Harina floja	550g
• Huevo	1
• Sal gorda	5g
• Azúcar	2g
• Levadura fresca	20g o 10g si es liofilizada
• Aceite de oliva	125g
• Pimentón	50g
• Agua	250g

ELABORACIÓN

- En primer lugar haremos una esponja, con la levadura, el azúcar, 100g de harina de la receta y un poco de agua, tapamos y dejamos fermentar 20 minutos.
- Por otro lado hacemos un volcán con el resto de ingredientes y añadimos la esponja en el centro, mezclamos 3 minutos.
- Después añadimos el huevo, el aceite y el resto de agua templada, mezclamos otros 8 minutos.
- Tapamos y dejamos reposar 45 minutos.
- Heñimos la masa y la dividimos en porciones de 50g
- Fermentamos a temperatura ambiente otros 45 minutos.
- Untamos las piezas con una mezcla de pimentón y aceite y ponemos unos granitos de sal encima.
- Horneamos a 190ºC, 15 minutos, tapando a mitad de cocción con papel de aluminio para que no se queme el pimentón.

PAN DE SEMILLAS

INGREDIENTES

- Harina fuerza 500g
- Harina floja 333g
- Agua 650g
- Sal 20g
- Levadura 30g
- Margarina 30g
- Mejorante 5g
- Semillas (amapola, sésamo, comino…) 40g por kg de masa
- Harina de malta 10g

ELABORACIÓN

- Amasar todo junto, incluido las semillas 14 minutos.
- Dividimos, boleamos y reposamos 10 minutos, espolvoreando de harina.
- Tallamos con dos rajitas el centro,
- Fermentamos 35 minutos, y horneamos con vapor 15 minutos a 190ºC .

PAN DE CENTENO

INGREDIENTES

- Harina integral 500g
- Harina fuerte 333g
- Agua 650g
- Sal 20g
- Masa madre 200g
- Levadura 30g
- Mejorante 5g

ELABORACIÓN

- Amasamos todo 14 minutos, hasta conseguir una masa elástica
- Dividimos, boleamos y formamos en barritas alargadas, reposamos 15 minutos.
- Tallamos a lo largo, y fermentamos 25 minutos.
- Pintamos con extracto de malta, y horneamos 16 minutos a 190°C, con mucho vapor.

PAN DE AVENA

INGREDIENTES

- Harina fuerza 500g
- Harina centeno 500g
- Agua 650g
- Sal 20g
- Masa madre 200g
- Levadura 40g
- Mejorante 5g
- Avena en copos 75g

ELABORACIÓN

- Amasamos todo excepto los copos de avena, unos 14 minutos.
- Dividimos, boleamos y hacemos roscas, y reposamos 15 minutos.
- "Mojamos" las roscas con avena, apretando los copos para que permanezcan en la superficie, y pintamos con extracto de malta.
- Fermentamos, espolvoreado de harina, unos 30 minutos.
- Horneamos con vapor unos 18 minutos a 190°C.

PAN DE PIPAS

INGREDIENTES

• Harina floja	500g
• Harina fuerza	125g
• Agua	370g
• Sal	12g
• Masa madre	125g
• Levadura	20g
• Mejorante	5g
• Pipas de girasol o de calabaza	35g

ELABORACIÓN

- Amasado 13 minutos, masa fina y elástica.
- Añadir las pipas y mezclar bien con la masa, y dividir (50 gr.)
- Reposo de las piezas de 15 minutos.
- Fermentar unos 25 minutos, tallar si se desea, y hornear con vapor 20 minutos a 200ºC.

PAN GALLEGO

INGREDIENTES

• Harina fuerza	500g
• Harina floja	500g
• Harina centeno	100g
• Agua	900g
• Sal	20g
• Masa madre	200g
• Levadura fresca	40g o 20g si es liofilizada
• Mejorante	5g

ELABORACIÓN

- ➢ Amasado todos los ingredientes en amasadora unos 15 minutos hasta conseguir una masa semielástica y un pelín cremosa.
- ➢ Reposar en un perol enharinado, y cubierto con paño húmedo durante una hora.
- ➢ Fermentamos con poca humedad (la parte alta del armario), unos 30 minutos.
- ➢ Hacer moña a mitad de fermentación (unos 15 minutos antes de hornear).
- ➢ Horneamos sin vapor unos 20 minutos (tiro cerrado, abrir cuando coja color).

PAN CANDEAL

Para piezas pequeñas de candeal, para candeal en piezas grandes se incrementa un poco la proporción de levadura (para ayudar a subir las piezas).

INGREDIENTES

- Harina media fuerza 1kg
- Sal 20g
- Agua 500g
- Masa madre 200g
- Levadura 20g
- Mejorante 5g

ELABORACIÓN

- Amasamos todo junto, teniendo la precaución de añadir el agua fría, y el amasado será mas corto, sin llegar a los 10 minutos. Obtendremos una masa algo mas dura, pero fina y suave.
- Dividimos las piezas (50g), boleamos y reposamos
- Heñirlas, aplastarlas o pasarlas por laminadora si es necesario y tallarlas.
- Fermentar unos 35 minutos, espolvorear de harina e introducir en el horno a una temperatura de 200ºC, unos 20 minutos.

PAN DE SOJA

INGREDIENTES

- Harina soja 500g
- Harina floja 180g
- Harina fuerza 180g
- Agua 500g
- M. madre 335g
- Levadura 25g
- Mejorante. 5g

ELABORACIÓN

- Amasamos todo 15 minutos en amasadora hasta obtener una masa elástica.
- Fermentamos en bloque 30 minutos.
- Dividimos, formando piezas con barriga y punta.
- Fermentamos (25 min – 50g, 35 min 200g).
- Horneamos unos 20 minutos a 195°C.

PAN SIN SAL

INGREDIENTES

• Harina fuerza	500g
• Harina floja	500g
• Agua	600g
• Levadura	35g
• Mejorante	3g

ELABORACIÓN

- Amasamos todo el conjunto unos 12 minutos.
- Dejamos reposar en bloque unos 40 minutos.
- Dividimos y boleamos sin desgasificar por completo, dejar la masa descansar 5 minutos mas.
- Formamos en barras, y fermentamos unos 25 minutos.
- Tallamos y horneamos con vapor unos 19 minutos a 200ºC.

PAN DE CHORIZO

- ✓ Hacer una receta de pan candeal y añadir unos 90 gr por kg de masa y amasar juntos, corriendo el riesgo de que el chorizo pueda quemarse, también pueden formarse piezas pequeñas hacer una incisión lateral y añadir una proporción de chorizo para que cueza dentro y el pan se cocine por fuera.

PAN DE CENTENO-AMAPOLA

- ✓ Hacer una receta de pan de centeno y añadir unos 40 gr de semilla de amapola por kg de masa, haciendo barritas pequeñas y tallamos a lo largo en el centro de la pieza. Fermentamos y horneamos como de costumbre, pero antes de hornear pintaremos con extracto de malta diluido en agua.

PAN DE COMINO INTEGRAL

- ✓ Preparar un pan integral de la manera normal y al final del amasado añadir unos 20 gr de comino molido y otros de comino en grano para un kg de masa aproximadamente, dependerá de la intensidad de sabor que queramos darle al pan.

PAN DE QUESO Y BACON

- ✓ Usaremos la misma receta que para el pan de cebolla o de nueces, pero añadiendo unos 85 gr de bacon, que previamente hornearemos, freiremos, secaremos o dejaremos crudo según nuestro gusto o resultado final que queramos conseguir. Lo añadiremos en la masa una vez amasado y el queso justo antes de introducir en el horno

PAN DE CEBOLLA CONFITADA

- ✓ Usaremos la misma receta que para el pan de cebolla normal, pero añadiendo cebolla confitada en gusto, teniendo en cuenta a la hora de confitarla que podemos perder entre un 60%- 70% de volumen inicial, debido a la perdida de agua. Añadiremos unos 100 gr por kg de masa.

PLUM CAKE

INGREDIENTES

- Mantequilla 1kg
- Azúcar glass 1kg
- Impulsor 25g
- Huevo 1L
- Harina floja 1,5kg
- Pasas de Corinto 500g
- Fruta confitada 500gr

ELABORACIÓN

- Poner la mantequilla en pomada con el azúcar glas y los huevos.
- Montamos.
- Embutimos la harina y el impulsor.
- Y después embutimos la fruta y las pasas.
- Encamisar molde con mantequilla y harina colocando en el fondo un trozo de papel de horno para ayudar a desmoldar después del horneado
- Hornear a 180ºC en horno de solera o 160ºC en horno de convección.

REGAÑÁS

INGREDIENTES

- ✓ Esponja:
  - ✓ Levadura 3g
  - ✓ Harina fuerte 30g
  - ✓ Agua 40g
- Masa:
  - ✓ Harina media 150g
  - ✓ Sal 5g
  - ✓ Ajonjolí 10g
  - ✓ Aceite girasol 20g
  - ✓ Aceite de oliva 20g
  - ✓ Agua 200g

ELABORACIÓN

- ➢ Hacemos la esponja que quedará liquida, y reposamos 20 minutos.
- ➢ Mientras tanto hacemos un volcán con el resto de ingredientes, y añadimos la esponja cuando pasen los 20 minutos
- ➢ Mezclamos bien y pasamos por laminadora, hasta dejarlo fino.
- ➢ Cortamos en rectángulos pequeños u obleas redondas grandes,
- ➢ Para los rectángulos pequeños, fermentamos, 20 minutos.
- ➢ Para las obleas horneamos directamente, ambas a 190ºC, unos 8 minutos aprox.

ROSCÓN DE REYES

Para masa madre:

- Harina media fuerza 500g
- Levadura fresca 75g o 35g si es liofilizada
- Agua 250ml

o masa principal

- Harina gran fuerza 1,5kg
- Azúcar 200g
- Sal 40g
- Manteca de cerdo 300g
- Huevos 6
- Agua aprox (se le echa poco a poco) 500ml
- Limones (Ralladura) 2
- Naranjas (Ralladura) 2
- Agua de azahar 100ml

ELABORACIÓN

- Una vez fermentado la masa madre agregar al segundo componente.
- Se amasa y se dividen las piezas.
- Voleamos, formamos y fermentamos.
- Pintamos con huevo y ponemos almendra laminada y azúcar o fruta confitada y azúcar para hornear el roscón a 200ºC

SUIZOS

INGREDIENTES

- Harina fuerza 1kg
- Sal 10g
- Levadura 7g
- Azúcar 225g
- Huevos 4
- Ralladura ½ limón
- Ron 20g
- Mejorante (gasificante especial bollería) 10g

ELABORACIÓN

- ➢ Amasar todos los ingredientes, excepto la levadura diluida con un poco de agua, en la amasadora unos 25 minutos, hasta conseguir una masa fina y elástica.
- ➢ Dejar reposar la masa 10 minutos, en barqueta enharinada.
- ➢ Pesamos piezas de 60g, boleamos y formamos barritas sin punta.
- ➢ Colocar en chapas bien engrasadas, fermentar 45 minutos, y a mitad de fermentación tallar, pintar con huevo. Volver a fermentar otros 45 minutos.
- ➢ Poner azúcar en grano en el corte, y hornear sin vapor y con tiro cerrado unos 14 minutos a 200°C.

MASA MADRE

- Harina media fuerza 1kg
- Agua 500g
- Levadura fresca 50g o 25g si es liofilizada

Mezclar los ingredientes y reservar, para los siguientes días.

TORTA DE ACEITE FINA (Tipo Inés Rosales)

INGREDIENTES

- Aceite de oliva con matalauva 125g
- Azúcar 125g
- Leche 125ml
- Harina floja 250g
- Almendra laminada o ajonjolí para la superficie.
- Levadura fresca 20g 0 10g si es liofilizada

ELABORACIÓN

- Amasar en maquina por el orden de la fórmula o del revés si lo hacemos a mano formando un volcán con los sólidos.
- Reposar arropado 20 minutos.
- Dividir, heñir y estirar muy finamente.
- Poner en la superficie almendra laminada o ajonjolí y azúcar.
- Dejar fermentar 20 minutos
- Hornear a 200°C en horno de convección o a 220°C en horno de solera.

TORTA DE ACEITE GRUESA FERMENTADA

INGREDIENTES

- Agua 500g
- Aceite de oliva (10gr de matalauva, 10 de ajonjolí y cáscara de limón hervido con este aceite sin colarlo) 250g
- Harina 1kg
- Azúcar 250g
- Sal 20g
- Levadura fresca 20g o liofilizada 10g

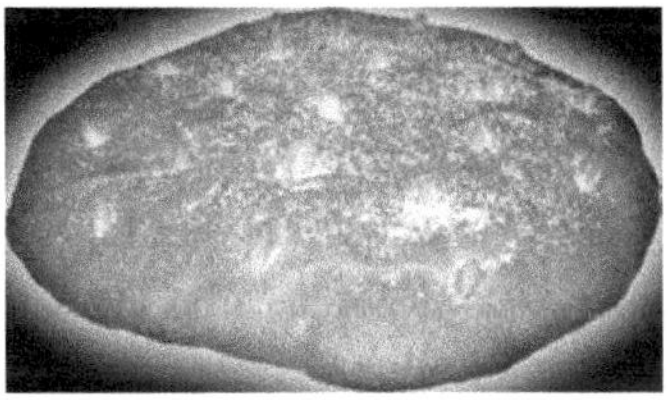

ELABORACIÓN

- Amasar por este orden en máquina, o justo del revés si es a mano formando un volcán con los sólidos.
- Fermentar en bloque 20 minutos a temperatura ambiente arropada o en cámara frigorífica durante toda la noche.
- Dividir, volear, formar y fermentar individualmente sobre placa de horno con papel vegetal.
- Espolvorear con azúcar y opcionalmente almendra laminada.
- Hornear a 200°C

MASAS AZUCARADAS

AMERICAN COOKIES

INGREDIENTES

- Mantequilla 150g
- Azúcar moreno 240g
- Huevo 75g
- Harina de gran fuerza 225g
- Impulsor 5g
- Cobertura negra 240g
- Pizca de azúcar avainillada

ELABORACIÓN

- Formar un volcán con la harina, azucares, impulsor.
- Colocar en el centro la mantequilla en pomada
- Amasar
- Añadir el huevo
- Añadir por último la cobertura en gotas o troceada grueso sin derretir.
- Dejar reposar en frío 30 minutos
- Con dos cucharas formar pequeñas bolas imperfectas pero iguales sobre bandeja y papel de horno.
- Volver a enfriar 10 minutos
- Hornear a 200 grados
- Dejar enfriar antes de levantar del papel

ALFAJORES

INGREDIENTES

• Mazapán (Receta 1)	1kg
• Cobertura de chocolate diluida	500g
• Miel	500g
• Praliné de avellana	500g
• Azúcar	1kg
• Agua	750ml
• Azúcar glass (Para emborrizar)	1kg

ELABORACIÓN

- Cortar trozos de 20 a 25g. Volear y dejar reposar.
- Mientras tanto preparamos un jarabe con 1 kg de azúcar y 750ml de agua.
- Pasamos las bolas por el jarabe y después por el azúcar glas. Una vez metido en el azúcar le damos forma de croqueta. Dejamos secar 1 día aprox.

BOLITAS DE COCO

INGREDIENTES

- Coco rallado o molido 1125g
- Leche condensada 665g
- Fondant (Mirar receta) 750g

ELABORACIÓN

- Mezclar todo
- Formar bolitas
- Enfriar en cámara (Frigorífico)
- Pinchar con brocheta y pasar por chocolate cobertura posándolo sobre bandeja con papel de horno

BORRACHUELOS

INGREDIENTES

- Harina floja 1kg
- Harina fuerte 1kg
- Aceite de oliva frito con ajonjolí, matalauva y cáscara de limón 750ml
- Vino dulce 250ml
- Vino blanco 250ml
- Azúcar 250g
- Anís seco 150ml
- Levadura química, impulsor, gasificante o levadura royal 64g

ELABORACIÓN

- Freír el ajonjolí, la matalauva y la cáscara de limón en el aceite de oliva y dejar enfriar.
- Esperar que el aceite esté frio para añadírselo a la masa
- Amasar de solido a líquido formando un volcán con los sólidos y colocando los líquidos poco a poco en el centro amasando.
- Formar bolitas.
- Estirar con rodillo estriado dejando lengua arriba y abajo, sin llegar hasta arriba ni hasta abajo tal y como pone en la foto.
- Dar la vuelta.
- Rellenar.
- Freír.
- Escurrir.
- Pasar por azúcar o miel.

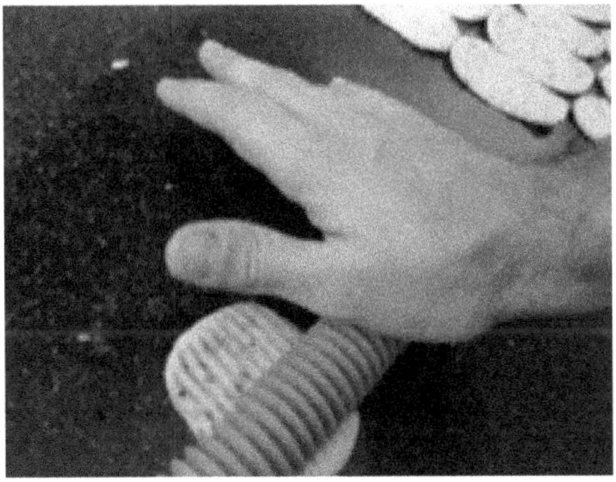

CUBILETES

(Para fondo de tartaletas)

DULCES QUE SALEN DE LOS CUBILETES

- Cubiletes de coco
- Cubiletes de sidra
- Cubiletes de crema

INGREDIENTES

- Huevos 2
- Azúcar glass 300g
- Harina recia 200g
- Manteca de cerdo 500g
- Ralladura de limón

ELABORACIÓN

- Amasar los ingredientes por el orden de la fórmula en amasadora o al revés si es a mano sobre la mesa formando un volcán con los sólidos

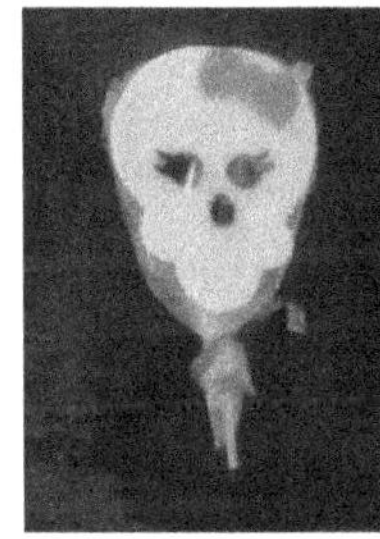

GALLETAS DE MANTEQUILLA

INGREDIENTES

- Azúcar 100g
- Mantequilla 200g
- Huevo 1
- Esencia 1pizca
- Podemos sustituir 50g de harina por cacao en polvo

ELABORACIÓN

- Batir el azúcar con la mantequilla (montando), agregar el huevo y la esencia, añadir harina y amasar brevemente, dividir en 2 bolas, reservar 2 horas con plástico en nevera.
- Estirar entre 2 papeles de horno para que no se pegue en la mesa ni en el rodillo entre ½ y 1 cm de grosor con ayuda de unas guías para que sea igual de grueso por todos los lados, colocar en nevera 1 hora, cortar y hornear a 180ºC 13 minutos si son finas y 15 minutos si son gruesas.
- Podemos congelarlas para decorarlas otro día o podemos congelarlas ya decoradas pero en tupper por el tema de la humedad. Podemos congelarlas sin hornear y nos durará 2 meses y se hornean 1 o 2 minutos más tal cual para que no se rompa.
- Secarlas 24 o 48h después de decorarlas para que no se estropee el dibujo, una vez cocinadas se conservan 2 y 3 meses.

GOFRES

INGREDIENTES

- Yemas 4
- Leche 500ml
- Margarina 130g
- Harina 500g
- Impulsor 10g

ELABORACIÓN

- Se mezcla todo lo anterior con la mantequilla derretida y fría
- Se baten las 4 claras a punto de nieve
- Se mezcla todo con una cuchara y con cuidado

FLORETAS

INGREDIENTES

- Leche 1l
- Huevos 8
- Azúcar 400g
- Harina Fuerza 400g

ELABORACIÓN

- Mezclar los ingredientes
- Freír en sartén parisién con aceite de girasol
- Para realizarlo limpiamente se debe introducir el molde en el aceite caliente, una vez caliente se introduce en la masa hasta la mitad del molde y pasar a fritura moviendo poco a poco para que la floreta se suelte
- Pasar por azúcar y canela

MANCHEGUITOS

INGREDIENTES

- Manteca de cerdo 1kg
- Azúcar glass 400g
- Vino blanco seco 250ml
- Ralladura de 2 limones y 2 naranjas
- Harina floja 1,8kg
- Harina gran fuerza 500g

ELABORACIÓN

- Mezclar las harinas previamente tamizadas, las ralladuras, y el azúcar glas.
- Formar un volcán y añadir en el centro la manteca de cerdo, moviendo sin romper el volcán.
- Añadir el vino blanco y amasar sin romper el volcán.
- Estirar con rodillo dejando ½ cm de altura.
- Cortar a 3cm de largo x 2cm de ancho (usar una regla)
- Colocar sobre papel de horno separados para que cuando se cuezan no se peguen.
- Hornear a 200ºC en horno de convección en calor seco hasta que estén un pelín dorados por encima.
- Dejar enfriar.
- Espolvorear con azúcar glass

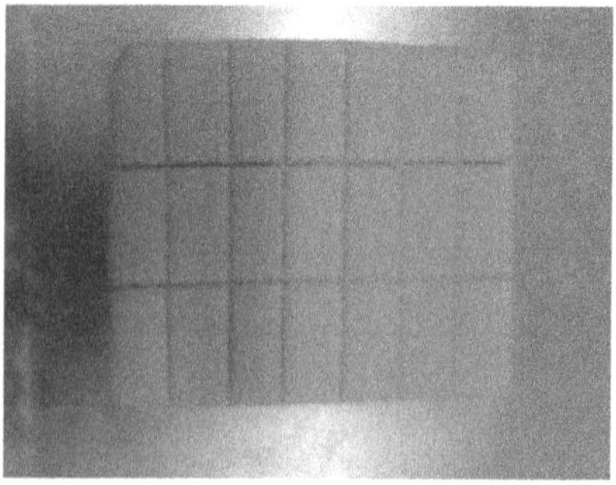

MANTECADOS

INGREDIENTES

- Manteca de cerdo 1kg
- Harina floja tostada (tamizada) 2kg
- Azúcar glas 900g
- Canela molida 30g
- Praliné 400g

ELABORACIÓN

- Tostar la harina a 200ºC 30 o 40 minutos (se tuesta un día antes de la elaboración)
- Amasar lo justo, el mínimo posible.
- Estirar con rodillo con ayuda de dos guías a los lados para que salgan igual de gruesos.
- Cortar con cortapastas redondo trozos de 30 a 40g aprox.
- Horneamos 10 min aproximadamente, a 200 grados.

MAZAPÁN (Receta 1)

INGREDIENTES

• Almendra en polvo (Harina de almendra)	1250g
• Azúcar glass sin almidón	1kg
• Dextrosa(o azúcar invertida/miel)	250g
• Claras de huevo	250ml

ELABORACIÓN

- Mezclar todo junto hasta que la masa este compacta sin amasar mucho ya que la almendra comenzaría a desprender grasa.
- Pintar con clara de huevo las figuras formadas y hornear 3 o 4 minutos a 200ºC hasta que tome color.
- Sacar del horno y abrillantar con goma arábica comestible o con gelatina neutra.

MAZAPÁN (Receta nº2)

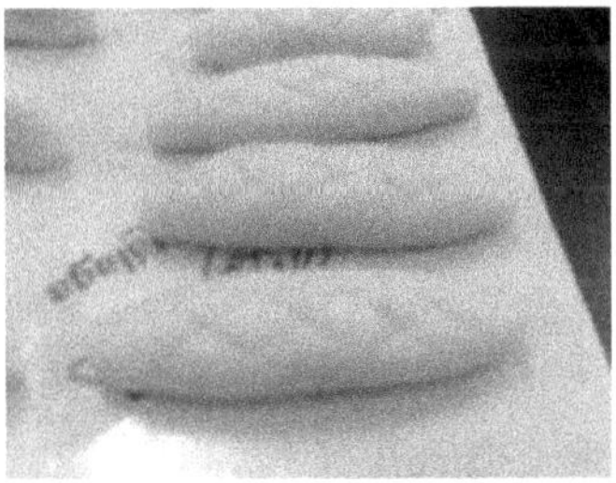

INGREDIENTES

- Azúcar 440g
- Agua 200g
- Glucosa 40g
- Almendra en polvo 360g
- Azúcar invertido o miel 40g

ELABORACIÓN

- Hacer un jarabe con el azúcar, agua y glucosa a 112ºC
- Amasar la almendra en polvo y el azúcar invertido/miel y añadir después poco a poco el pasón (jarabe)
- Reposar entre 24 y 48 horas en nevera.

a) El mazapán de chocolate es mejor con cacao en polvo

5 productos para arreglar un mazapán:

a) Fondant- ablanda
b) Glucosa-elasticidad
c) Azúcar glas-dureza
d) Leche de coco- finura y consistencia
e) Alcohol-ablanda

MAZAPÁN DE PATATA

INGREDIENTES

- Harina de almendra 100g
- Azúcar lustre 100g
- Patata 400g
- Claras 100g
- Canela en polvo
- Ralladura de limón
- Ralladura de naranja

ELABORACIÓN

- Mezclar con la pala, la almendra, azúcar, claras, aromas y la patata cocida y caliente, amasar unos minutos y dejar enfriar.

OJITOS (GALLETAS)

INGREDIENTES

- Azúcar 500g
- Margarina 400g
- Impulsor 30g
- Huevos 4
- Harina 800g
- Color amarillo
- Aroma de vainilla

ELABORACIÓN

- Para hacerlos combinados podemos agregar a la mitad de la masa cacao en polvo y mezclo los rollos.
- Batir la margarina con el azúcar hasta que quede espumoso y en la batidora agregar los huevos 1 a 1 y seguir batiendo hasta que quede cremoso suave. Incorporar el color y la vainilla.
- Incorporar la harina en forma envolvente con el impulsor. Formar rollos y cortar colocando en bandejas y haciendo pequeño agujero en el centro de cada medallón, rellenando con la jalea de manzana coloreada de rojo, hornear a 180°C 15 minutos.

PANELLETS

Son unos dulces típicos de Cataluña que se hacen a partir de la masa base del mazapán, pero con añadidura de algunos ingredientes o sabores, o aromas.

Todos los Panellets los coceremos al horno a 200° C – 220° C. durante 6 a 8 minutos. Salvo los Panellets recubiertos de piñones o de almendra cruda, que los coceremos 2 minutos más.

PANELLETS DE AVELLANAS

INGREDIENTES

- Mazapán 1kg
- Avellana entera tostada 100g
- Toque de vainilla

ELABORACIÓN

- Este Panellet lo haremos redondo, lo rebozaremos en azúcar normal, y encima colocaremos una avellana tostada y pelada, aplastando ligeramente el Panellet.
- Luego lo coceremos.

Otra receta

INGREDIENTES

- Mazapán 1kg
- Clara de huevo
- Avellana tostada en polvo 100g
- Azúcar glass con canela 100g

PANELLETS DE CHOCOLATE

INGREDIENTES

- Mazapán 1kg
- Cobertura de chocolate 100g

ELABORACIÓN

- Lo haremos redondo y rebozado en azúcar.
- Le haremos una pequeña incisión en el centro y lo coceremos.
- Una vez frío, rellenaremos este agujero con la cobertura de chocolate deshecha al Baño María.
- También pondremos un poco de cobertura derretida encima para decorar.

PANELLETS DE NARANJA

INGREDIENTES

- Mazapán 1kg
- Piel de naranja confitada y picada muy fina 200g

ELABORACIÓN

Mezclaremos los ingredientes muy bien. Le daremos forma de Croqueta, lo rebozaremos con azúcar y lo hornearemos.

PANELLETS DE PIÑA

INGREDIENTES

- Mazapán 1kg
- Piña en almíbar (Secada al horno y picada) 150g
- Unas gotas de colorante amarillo

ELABORACIÓN

- Mezclaremos los ingredientes, le daremos forma de Croqueta, lo rebozaremos en azúcar, y lo hornearemos.

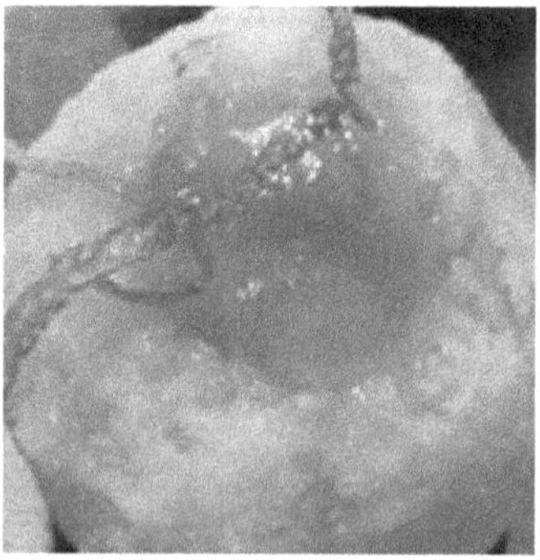

PANELLETS DE CASTAÑA

INGREDIENTES

- Mazapán 1kg
- Puré o pasta de castañas 120g

ELABORACIÓN

- Mezclaremos los ingredientes, haremos bolas, y les daremos formas de Castaña.
- Lo coceremos al horno.
- Una vez frío lo bañaremos en chocolate, dejándole la parte de abajo sin bañar, para que quede igual a una castaña.

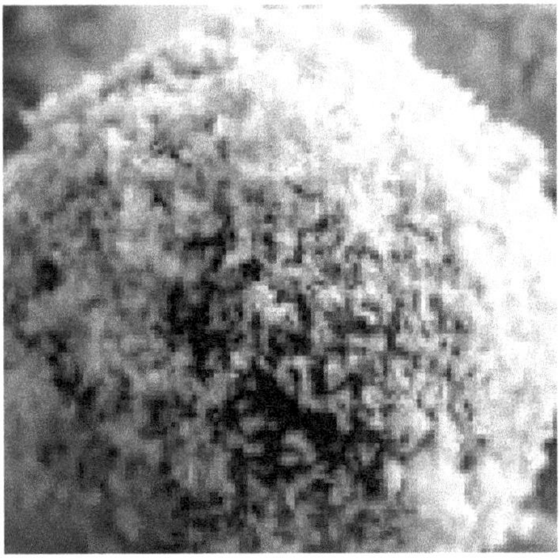

PANELLETS DE CAFÉ

INGREDIENTES

- Mazapán 1kg
- Café soluble molido muy fino con azúcar lustre para cubrir 40g

ELABORACIÓN

- Mezclaremos los ingredientes, le daremos forma de croqueta y lo coceremos.
- Rebozaremos con azúcar glass.

PANELLETS DE COCO

INGREDIENTES

- Mazapán 1kg
- Coco confitado 400g
- Coco rallado 100g

ELABORACIÓN

➢ Mezclaremos los ingredientes, daremos forma de pirámides pequeñas y coceremos

Otra receta

INGREDIENTES

- Mazapán 1kg
- Coco rallado 250g

PANELLETS DE PIÑONES

INGREDIENTES

- Mazapán 1kg
- Piñones 500g
- Huevo batido

ELABORACIÓN

- Mazapán aromatizado con limón y envolverlo con piñones humedecidos con claras y huevos.
- Pintar de huevo antes de hornear.
- Coceremos al horno durante 10 minutos.

PANELLETS DE ALMENDRA

INGREDIENTES

- Mazapán 1kg
- Granillo de almendra cruda 500g
- Huevo batido

ELABORACIÓN

- Haremos una especie de croquetas con el mazapán.
- Batiremos huevos, y en ellos pondremos el granillo de almendra.
- Rebozaremos la s croquetas de mazapán con el granillo de almendra, de forma que quede incrustado en el Panellet, pero procurando que no pierda la forma.
- Esto lo haremos apretando ligeramente con la mano.
- Coceremos al horno durante 10 minutos hasta que quede bien dorada la almendra.

PANELLETS DE PISTACHO

INGREDIENTES

- Mazapán 1kg
- Pistacho molido 200g
- Granillo de pistacho 250G
- Huevo batido

ELABORACIÓN

- Mezclar el mazapán con el pistacho molido.
- Batiremos huevos, y en ellos pondremos el granillo de pistacho.
- Rebozaremos las bolas de mazapán con el granillo de pistacho, de forma que quede incrustado en el Panellets, pero procurando que no pierda la forma.
- Esto lo haremos apretando ligeramente con la mano.
    - Coceremos al horno durante 10 minutos hasta que quede bien dorada la almendra.

De marrón

- Mazapán 1kg
- Mermelada de marrón o marrones triturados 200g
- Aroma de vainilla

De yema

- Mazapán 1kg
- Yemas 2 o 3
- Perfume vainilla
- Canela color amarillo huevo

De nata

- Rebajar el mazapán con nata. Aroma de vainilla, limón y canela.

De limón, vainilla, rosa, anís, fresa, etc.

- Aromatizar y colorear con la esencia y color correspondiente
- Rebajar con claras
- Dar forma
- Rebozar en azúcar grano o lustre
- Poner en oblea

Cocer al horno

PASTA BRETÓN

INGREDIENTES

- Harina floja 200g
- Mantequilla 150g
- Azúcar lustre 140g
- Yemas 60g
- Impulsor 20g
- Sal 4g

ELABORACIÓN

- Monta las yemas con la sal, el azúcar y la mantequilla en pomada.
- Añade la harina con el impulsor, mezclando durante el mínimo tiempo.
- Reposar 20 minutos antes de usar.

PASTA BRISA

INGREDIENTES

- Harina floja 500g
- Mantequilla 250g
- Azúcar glass 175g
- Huevo 2
- Sal

ELABORACIÓN.

- Trabajar la mantequilla a punto de pomada.
- Tamizar la harina y formar un volcán.
- Incorporar en el centro el resto de ingredientes, incluyendo la mantequilla.
- Ir mezclando con los dedos (no con la mano para evitar que la masa tome elasticidad), hasta obtener una masa de estructura arenisca pero perfectamente unida.
- Dejar reposar en la cámara.
- Estirar con el rodillo y fondear un molde de tarta, pinchar y colocar garbanzos encima para evitar que se infle.
- Cocer en blanco a 200ºC durante 10 minutos aproximadamente.

Retirar los garbanzos.

PASTA FLORA

INGREDIENTES

- Harina floja 1kg
- Manteca de cerdo 750g
- Azúcar glass 375g
- Harina recia 500g
- Ralladura de 2 limones

ELABORACIÓN

- Formar volcán con la harina y el azúcar.
- Poner en el centro la manteca y amasar un poco.
- Añadir los huevos y terminar de amasar, trabajando lo mínimo posible.
- Reposar 20 minutos antes de usar.

PASTA MASA

Para:

a) Cortadillos de sidra
b) Pastas de té

INGREDIENTES

• Huevos	5
• Mantequilla	225g
• Manteca de cerdo	225g
• Azúcar glass	600g
• Harina floja	1125g
• Harina recia	500g

ELABORACIÓN

- Amasar por el orden de la fórmula en amasadora o del revés a mano sobre la mesa formando un volcán y en el centro la manteca y mantequilla en pomada

PASTA QUEBRADA

INGREDIENTES

- Harina 1kg
- Mantequilla 500g
- Agua 4 cucharadas
- Huevos 4
- Pizca de sal
- Azúcar glass 200gr (Eliminar de la receta si deseamos la pasta para platos salados)

ELABORACIÓN

- Amasar a mano formando un volcán con los sólidos (Mantequilla en pomada) y en el centro los líquidos amasando poco a poco sin romper el volcán.
- Si amasamos a maquina se incorpora en el bol de la amasadora del revés, primero introducir los líquidos y después los sólidos

PASTA SABLÉ

INGREDIENTES

- Harina floja 500g
- Mantequilla 250g
- Azúcar glass 125g
- Huevos 2
- Sal 2g

ELABORACIÓN

- Formar volcán con la harina y el azúcar.
- Poner en el centro la mantequilla en pomada y amasar un poco.
- Añadir los huevos y terminar de amasar, trabajando lo mínimo posible.
- Reposar 20 minutos antes de usar.

PASTAS DE TÉ DE LECHE

INGREDIENTES

- Azúcar glass 200g
- Mantequilla 400g
- Harina floja 600g
- Leche 250ml
- Ralladura de limón (opcional)

ELABORACIÓN

- Mezclar mantequilla en pomada y azúcar, añadir leche y ralladura de limón.
- Una vez mezclado se incorpora la harina tamizada y se embute con la mano.
- Escudillar con manga sobre bandeja con papel y refrigerar 20 minutos.
- Hornear a 220°C en horno de solera (sin ventilador) o a 200°C en horno de convección.

PASTAS DE TÉ DE MANGA

INGREDIENTES

• Harina floja	550g
• Mantequilla	400g
• Azúcar glass	200g
• Leche	125ml
• Huevos	2
• Vainilla	

ELABORACIÓN

- Solo mezclar sin formar mucho gluten

PASTAS DE TÉ DE MANTEQUILLA

INGREDIENTES

- Mantequilla 500g
- Azúcar 500g
- Huevos 7
- Harina floja 750g

ELABORACIÓN

- Mantequilla en pomada y mezclar con el azúcar, huevos y montar.
- Embutimos con la harina tamizada.
- Escudillar con boquilla lisa.
- Meter en frio 20 minutos.
- Hornear a 220ºC.

PASTITAS DE COCO

INGREDIENTES

• Coco rallado	500g
• Azúcar	500gr
• Agua	250ml
• Huevo	1
• Harina floja	2 cucharadas

ELABORACIÓN

- Mezclar azúcar y agua y hervir.
- Añadir el coco rallado.
- Agregar la clara. Incorporar la harina.
- Extender y poner forma cuadrada para cortar pequeños cuadraditos.
- Pintar con yema o huevo por encima y hornear a 200ºC hasta que se dore.

PESTIÑOS

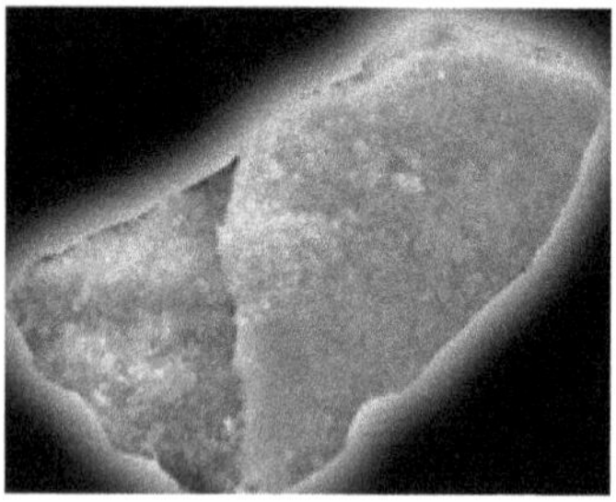

INGREDIENTES

- Harina media fuerza 500 g
- Aceite oliva 250ml
- Azúcar 50g
- Matalauva_ 50g
- Vino blanco 250ml
- Miel 300g
- Limón 1

ELABORACIÓN

- Freír la piel del limón y retirar una vez dorada.
- Incorporar la matalauva y dejar enfriar.
- Mezclar el aceite con el vino, la harina y amasar.
- Dejar reposar ½ hora.
- Estirar la masa y cortar círculos con el cortapastas redondo o cortar cuadrados y unir dos puntas.
- Doblar uniendo los extremos.
- Freír a la gran fritura, escurrir.
- Aparte poner miel a hervir con agua y gelatina, o usar azúcar para emborrizar.
- Bañar los pestiños y escurrir.

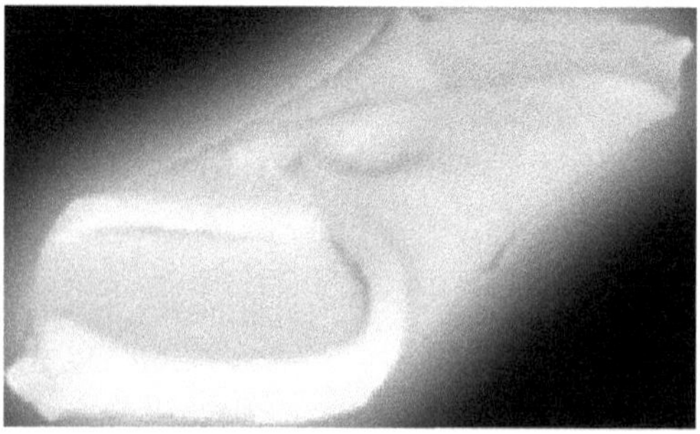

POLVORONES

INGREDIENTES

- Manteca de cerdo 1kg
- Harina floja tostada 2kg
- Azúcar glass 900g
- Canela molida 25g
- Praliné 600g

ELABORACIÓN

- Tostar la harina a 200°C 30 o 40 minutos (se tuesta un día antes de la elaboración)
- Amasar lo justo, el mínimo posible.
- Estirar con rodillo con ayuda de dos guías a los lados para que salgan igual de gruesos.
- Cortar con cortapastas ovalado trozos de 20 a 30g aprox.
- Horneamos 10 min aproximadamente, a 200°C en horno de convección o 220°c en horno de solera.

ROSCOS DE VINO

INGREDIENTES

- Nata líquida 70ml
- Vino dulce 150ml
- Manteca de cerdo 700g
- Praliné 600g
- Azúcar glass 225g
- Harina floja 1,5kg
- Harina gran fuerza 150g
- Canela molida 25g
- Vainilla

ELABORACIÓN

- ➢ Amasar en amasadora por este orden volcando todo en el bol de la maquina en este orden.
- ➢ Para hacerla a mano se incluyen los ingredientes al revés y formando en principio un volcán , desde más sólido a más líquido
- ➢ Estirar, cortar, hornear a 220°C en horno de solera o 200°C en horno e convección

TORTAS DE VINO

INGREDIENTES

• Manteca de cerdo	1kg
• Azúcar glas	250g
• Vino dulce	¼ L
• Canela molida	20g
• Praliné	400g
• Harina floja	2kg
• Harina recia	250g

ELABORACIÓN

- Amasar 3 o 4 minutos la manteca, azúcar, praliné, canela, y vino.
- Agregamos las harinas tamizadas y amasamos 5 minutos.
- Cortar trozos de 20 o 30g con cortapastas pequeño.
- Hornear a 200ºC de 8 a 10 minutos aproximadamente.
- Emborrizamos con azúcar glas antes de que se enfríen del todo para que se quede impregnada.
- Espolvorear posteriormente por encima un poco más antes de envasarlas.

. TORTAS DE MANTECA

INGREDIENTES

- Manteca de cerdo 625g
- Azúcar glass 300g
- Yemas 3
- Aguardiente 60ml
- Harina floja 825g
- Harina recia 325g

ELABORACIÓN

- Amasar por el orden de la formula.
- Estirar y cortar redondeles.
- Pintar con yemas.
- Rellenar el centro de batata o sidra, ponerle otro círculo de masa encima, pintar con yema y espolvorear con ajonjolí.
- Hornear a 200°C en horno de convección o a 220°C en horno de solera.

TORTAS DE VINO

INGREDIENTES

- Manteca de cerdo 1kg
- Azúcar glass 250g
- Vino dulce 250ml
- Canela molida 20g
- Praliné 400g
- Harina floja 2kg
- Harina recia 250g

ELABORACIÓN

- Amasar 3 o 4 minutos la manteca, azúcar, praliné, canela, y vino. Agregamos las harinas tamizadas y amasamos 5 minutos.
- Cortar trozos de 20 o 30 g con cortapastas pequeño.
- Hornear a 200 grados de 8 a 10 minutos aproximadamente.
- Emborrizamos con azúcar glas antes de que se enfríen del todo para que se quede impregnada.
- Espolvorear posteriormente por encima un poco más antes de envasarlas.

TORTAS MIXTAS

INGREDIENTES

• Manteca de cerdo	1kg
• Azúcar glass	600g
• Aceite de oliva	375ml
• Aguardiente seco	125ml
• Harina floja	2kg
• Harina gran fuerza	400g
• Matalauva	40g

ELABORACIÓN

- Freír la matalauva en el aceite de girasol, si es de oliva mejor.
- Formar un volcán con los alimentos sólidos excepto la manteca que se pone en el centro del volcán que hemos formado.
- Comenzamos a amasar añadiendo el aceite poco a poco en el que hemos frito la matalauva previamente y una vez frío.
- Formamos bolitas iguales y hundimos el dedo grueso si llegar hasta el fondo, todo esto colocado en bandejas de horno con papel siliconado o vegetal.
- Meter dentro de cada agujero meter ajonjolí y azúcar.
- Hornear a 200°C durante 10 o 15 minutos según el horno

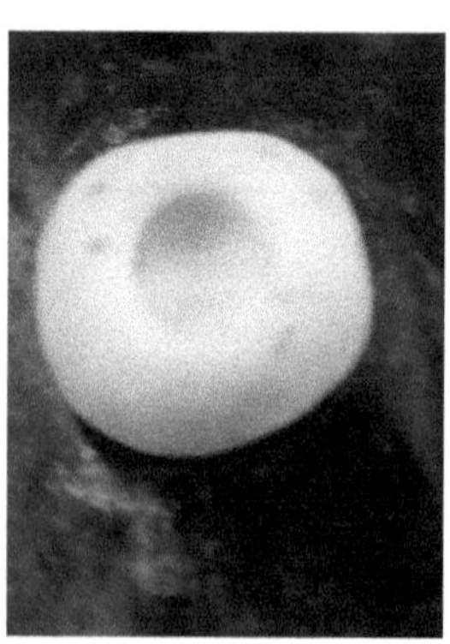

TORTITAS DE ALMENDRA

INGREDIENTES

- Azúcar 750g
- Huevos 12
- Harina de almendra 1kg
- Ralladura de limón, naranja y canela en polvo

ELABORACIÓN

- Montar los huevos con el azúcar hasta que suba 3 veces su volumen.
- Embutir con cuidado la almendra en polvo (harina de almendra) mezclada previamente con las ralladuras y la canela en polvo.
- Escudillar sobre papel de horno círculos y hornear a 220ºC en horno de solera o 200ºC en horno de convección 18 minutos aproximadamente

TURRONES

Todos sabemos que son los dulces más típicos de navidad.

Para hacer gran parte de ellos debemos tener en cuenta unas bases para poder elaborarlos. Estas Bases son:

TURRÓN DE CHOCOLATE CON ALMENDRAS

INGREDIENTES

- Praliné de almendra 3kg
- Cobertura negra, con leche o blanca (según deseado) 1,2kg
- Almendra fileteada 1kg

Manteca de cacao según la cobertura a usar:

- Para Cobertura negra 200g
- Para cobertura con leche 300g
- Para cobertura blanca 400g

ELABORACIÓN

- Mezclar la cobertura con la manteca de cacao a 38°C y añadir el praliné.
- Añadir a la fórmula base la almendra seca tostada procurando que esté templada (28 o 30°C)
- Moldear y dejar enfriar

TURRÓN DE CREMA TOSTADA

INGREDIENTES

- Azúcar 330g
- Agua 150g
- Almendra en polvo 150g
- Huevos 70g
- Leche en polvo 30g
- Azúcar invertido 50g
- Almendra en polvo 50g
- Almendras en polvo 200g
- Ralladuras de naranja y limón ¼ de unidad

ELABORACIÓN

- Con el azúcar y el agua, elaborar un jarabe a 113°.
- Mientras se hace el jarabe, con la nata, la leche en polvo, el azúcar invertido y la almendra, prepararemos una crema.
- El resto de la almendra, la pondremos en el perol, de la la batidora.
- Una vez que tengamos el almíbar hecho, retirándolo del fuego, le añadiremos la almendra, removemos y le añadimos la "papilla", y removiéndolo con una varilla y rascando bien el fondo, lo pasamos al fuego dejándolo cocer un minuto (cuando lleve medio minuto, lo retiraremos, ya que seguirá cociendo el tiempo que falta), una vez que deje de cocer, lo volcamos al perol y a marcha lenta, lo dejaremos hasta que la mano, resista el contacto con el perol, paramos la maquina y con el dorso de la mano, lo tocaremos y no se tiene que pegar la masa.
- Una vez que este en su punto y caliente, lo pondremos en el molde que previamente habremos forrado con papel, tapar y prensar hasta el día siguiente.

Nota:

a) Si se pegase, es que esta blando y se endurecería con azúcar glas y almendra mezcladas a partes iguales, pero si estuviera duro, se añadiría azúcar invertido.

TURRÓN DE NATA CON NUECES

INGREDIENTES

- Almendra en polvo 1kg
- Nata 250ml
- Vaina de vainilla ¼
- Agua 300ml
- Azúcar 1kg
- Glucosa 100g
- Nueces 350g

ELABORACIÓN

- Hervir la nata con la vainilla
- Retirar la vaina y verter la nata en el perol con la almendra.
- Hervir el agua y el azúcar hasta conseguir un jarabe a 120°C (Punto de bola), añadir la glucosa y dejar hervir hasta conseguir otra vez los 120°C.
- Verter el jarabe sobre la primera mezcla poco a poco y añadir las nueces troceadas todo con la pala y a velocidad media.
- Moldear y esperar a desmoldar hasta el día siguiente.

Nota:

a) Ese mismo turrón se puede hacer con fruta confitada en vez de nueces.

TURRÓN DE YEMA TOSTADA

INGREDIENTES

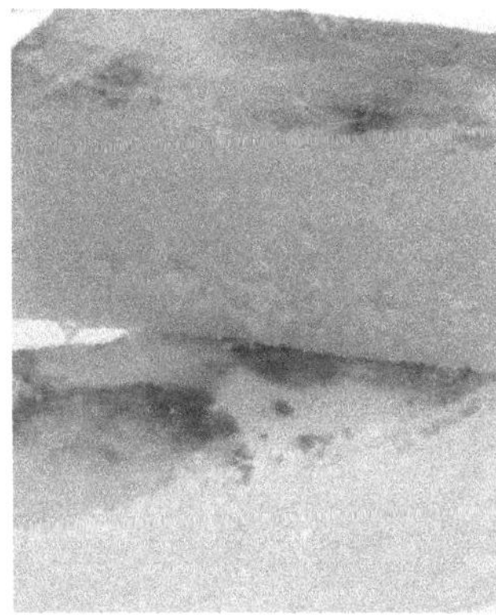

- Almendra en polvo 4kg
- Yema dura 2kg
- Nata 500g
- Vaina de vainilla 1
- Agua 900g
- Azúcar 3kg
- Glucosa 400g

ELABORACIÓN

- Hervir la nata con la vainilla
- Retirar la vaina y verter la nata en el perol con la almendra y la pasta de yema.
- Hervir el agua y el azúcar hasta conseguir un jarabe a 120°C (Punto de bola), añadir la glucosa y dejar hervir hasta conseguir otra vez los 120°C.
- Verter el jarabe sobre la primera mezcla poco a poco y añadir las nueces troceadas todo con la pala y a velocidad media.
- en cajas de madera forradas de papel sulfuroso y esperar a desmoldar hasta el día siguiente.
- Cortar las barras con cuchillo untado en limón.
- Untar de crema de yema dura y espolvorear con azúcar granillo y quemar.
- Repetir esta última operación.

TURRÓN DE ALICANTE

INGREDIENTES

- Almendra 2,5kg
- Miel 1,1kg
- Azúcar 100g
- Glucosa 150g
- Claras de huevo 4
- Ralladura de limón
- Canela en polvo 2g

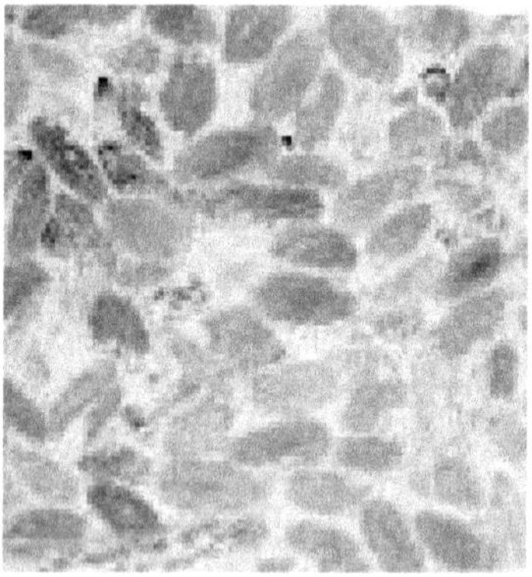

ELABORACIÓN

- Poner a cocer el azúcar y la glucosa, hasta que tenga el punto de caramelo blando (140º).
- A parte, coceremos la miel a punto de bola (130º).
- Montar las claras a punto de nieve.
- Poner en la batidora y con la pala, velocidad lenta, la miel, se trabaja y se le añade, en caliente, el caramelo se sigue trabajando y añadiremos las claras montadas, y por ultimo la almendra, tostada y caliente, trabajándolo, hasta que quede una mezcla esponjosa.
- Escudillar en moldes forrados con obleas y dejar reposar en sitio seco.

Nota:
Con esta receta, se pueden hacer las Tortas Imperiales

TURRÓN DE JIJONA

INGREDIENTES

- Miel 200g
- Almendras 600g
- Avellanas 400g
- Caramelo (Parar forrar moldes) 500g
- Claras 4

ELABORACIÓN

- Tostar mucho en el horno los frutos secos sin que lleguen a quemarse
- Introducir los frutos secos en el caramelo caliente aun.
- Añadir la miel poco a poco.
- Volcar sobre molde extendido, con papel.
- Dejar enfriar
- Triturar
- Poner en molde forrado con papel film, cubrir con film y presionar con otro molde igual para que quede muy prensado.
- Reposar 24 horas
- Desmoldar y cortar

TURRÓN DE MAZAPÁN CON FRUTAS

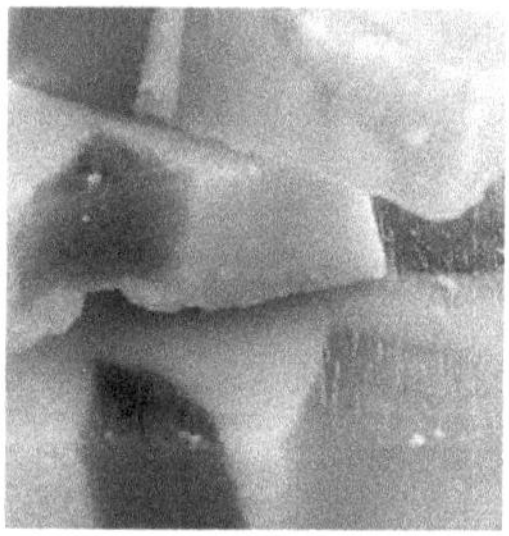

INGREDIENTES

- Mazapán (Receta 1) 1kg
- Azúcar Fondant (Mirar receta) 500g
- Frutas Confitadas:
  Guindas, Naranja, Calabaza...

ELABORACIÓN

- Herviremos el Fondant hasta 125° C (Punto de bola fuerte).
- Mezclaremos el Mazapán con el Fondant en la amasadora con la pala. Pondremos el fondant poco a poco y muy caliente. Dejaremos amasar hasta que enfríe y endurezca.
- Encajaremos en las cajas especiales para el turrón e intercalaremos la fruta confitada con la pasta. La fruta confitada ha de estar totalmente seca. Dejaremos reposar durante 24 horas.
- Cortaremos las tabletas de turrón de 1,2 cm de grosor aproximadamente.

Guardar envasadas o consumir.

MASAS Y PASTAS SALADAS

GALLETAS DE PARMESANO

INGREDIENTES

- Parmesano 100gr
- Mantequilla 100gr
- Harina floja 100gr

ELABORACIÓN

- Mezclar mantequilla con el queso
- Añadir la harina.
- Reposar 1 hora
- Estirar con 3mm de grosor
- Cortar en 3 x 3cm
- Hornear a 180ºC

MASA DE EMPANADA

INGREDIENTES

- Harina 500g
- Sal 10g
- Azúcar 20g
- Mantequilla 120g
- Agua 75ml
- Leche 75ml
- Huevo 1

ELABORACIÓN

- Amasar formando un volcán con la harina, el azúcar y la sal.
- Poner en el centro la mantequilla en pomada y amasar sin romper el volcán.
- Añadir añadir el huevo batido.
- Por último poco a poco el agua y la leche.
- Recordad que para hornear lo hacemos a 200°C pintada previamente con huevo batido

MASA QUEBRADA SALADA

(Para quiche Lorraine)

INGREDIENTES

- Leche 40g
- Huevo 1
- Mantequilla pomada 150g
- Harina floja 225g
- Harina recia 75g
- Sal 4g
- Pizca de pimienta blanca

ELABORACIÓN

➢ Amasar en máquina por el orden de la fórmula o justo al revés si es a mano formando un volcán con los sólidos.

PASTA BRISA SALADA

INGREDIENTES

- Harina floja 250g
- Mantequilla 125g
- Agua 85g
- Sal 5g

ELABORACIÓN

- Formar volcán con la harina y poner en el centro la mantequilla en pomada, amasando poco a poco lo mínimo posible.
- Añadir el agua con la sal.
- Envolver con film y reservar en cámara 2 horas.
- Cocinar a 180ºC

GNOCHI/ÑOQUI

INGREDIENTES (Para 4 pax)

- Puré de patata ½ kg
- Huevo 1
- Harina fuerte 125g
- Mantequilla 15g

ELABORACIÓN

- Mezclar y amasar
- Espolvorear de harina la mesa
- Sacar una tira larga
- Cortar cada uno
- Darle forma de gnochi (Ñoqui) con ayuda de una rejilla como la del sushi, impregnando primero cada uno en un poco de harina

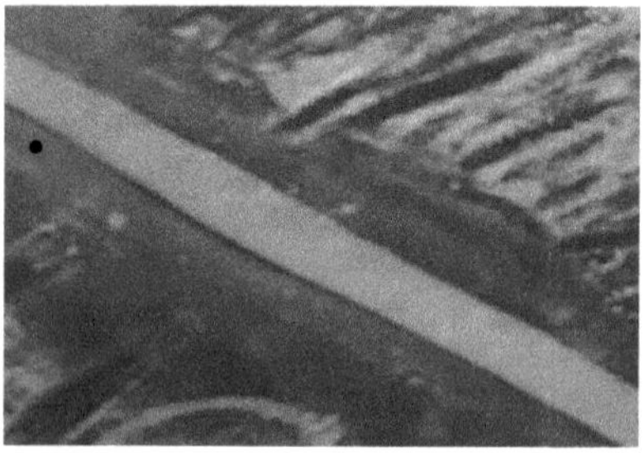

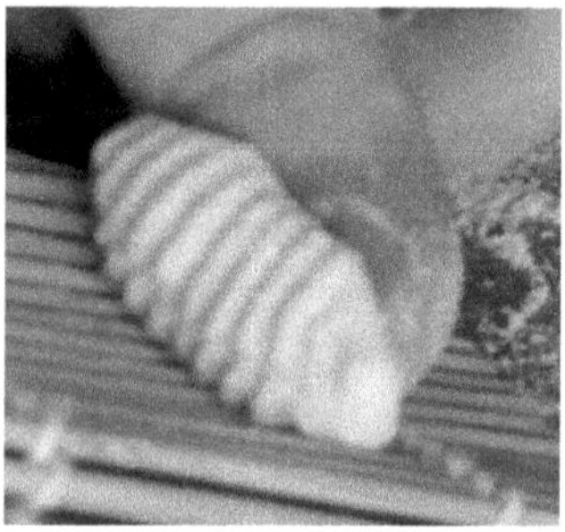

CREMAS DE RELLENO DULCES Y SALADAS

BAÑO MISTERIO

INGREDIENTES

- Almíbar 100g
- Glucosa 100g
- Yemas 100g

ELABORACIÓN

Mezclar los ingredientes y bañar los panellets, calientes, recién salidos del horno.

COMPOTA DE MANZANA

INGREDIENTES

- Manzanas 700g
- Azúcar 300g
- Canela en rama

ELABORACIÓN

- Pelar las manzanas, descorazonar y trocear.
- Unir con el azúcar y hervir 10 minutos

CREMA DE CASTAÑAS

INGREDIENTES

- Leche 285g
- Nata 285g
- Azúcar 140g
- Vainilla 1 rama
- Yema de huevo 130g
- Maicena 22g
- Gelatina 3 hojas
- Puré de castañas 120g

ELABORACIÓN

- Calentar en un cazo la leche, la nata y la mitad del azúcar. Añadir una rama de vainilla, abriéndola y raspando el
- interior con un cuchillo. Incorporar tanto la rama como la pulpa en la leche.
- Mezclar en un cazo el almidón de maíz con la otra mitad de azúcar y las yemas. Llevar a punto de ebullición y moverlo
- constantemente pero con cuidado. Si se forman grumos, pasar la mezcla por un colador.
- Añadir la primera mezcla (más líquida) a la segunda, poco a poco y moviendo continuamente. Cocer la mezcla a 85°C
- y añadir las hojas de gelatina, previamente mojadas y escurridas, y el puré de castañas. Mezclar todo.
- Verter la crema en un recipiente y taparla con papel de plástico 'a piel', es decir, sin que haya nada de aire entre el plástico y la crema.

CREMA DE CHOCOLATE PARA RELLENOS

INGREDIENTES

- Azúcar 1kg
- Agua 1L
- Maicena 250g
- Cobertura negra 500g - 1kg

ELABORACIÓN

- Reservar 100ml agua de ese litro para mezclar con la maicena en frio.
- Hervir el kg de azúcar con los 900ml de agua que me quedan.
- Añadir la maicena, diluida en los 100ml de agua fría que habíamos apartado, a la mezcla que está hirviendo.
- Apagar el fuego y apartar.
- Añadir la cobertura negra y dejar derretir con el calor que le queda.

CREMA DE MANTEQUILLA

INGREDIENTES

- Azúcar 200g
- Yemas 5
- Agua 150ml
- Mantequilla 250g
- Aroma o licor al gusto, brandy, Grand Marnier, café bien cargado, cacao en polvo…etc. (optativo)

ELABORACIÓN

- Hacer un almíbar flojo con el agua y el azúcar.
- Pasado este tiempo retirar del fuego, dejar que se enfríe un poco y echar muy despacio sobre las yemas partidas.
- Mezclar bien y añadir la mantequilla en pomada, poco a poco, batiendo sin cesar hasta formar una crema homogénea, esponjosa y espesa.
- Cuando ya esté toda la mantequilla incorporada agregar el aroma deseado y volver a batir. Esta crema sirve para rellenar tartas, petit choux, hojaldritos, tartaletas, roscos de pasta choux, bizcochos, pequeños pasteles,...

CREMA INGLESA

INGREDIENTES

- Leche 1L
- Yemas 10-12
- Azúcar 200-250gr
- Vaina de vainilla

ELABORACIÓN

- ➢ Poner todo junto al baño maría sin que este hierva.
- ➢ Mover con pala (nunca varilla)
- ➢ Esperar hasta que cueza suficiente para que al pasar el dedo por la pala deje el camino o surco sin crema.
- ➢ Nunca subir de 73°C o se cortará

CREMA PASTELERA DE LECHE EN POLVO

INGREDIENTES

- Agua 1L
- Azúcar 600g
- Leche en polvo 150g
- Maicena 100g (se pone 25g más de maicena si no se pone nada de harina)
- Mantequilla 50g
- Harina recia 25g (opcional)
- Colorante amarillo huevo

ELABORACIÓN

- 1° componente: 800ml agua, 300g azúcar, 50g mantequilla, colorante
- 2° componente: 200ml agua, 150g leche en polvo,100g maicena,300g azucar,25g harina recia (opcional)
- Se calienta el 1° componente. Se mezcla el segundo componente, y se unen los dos y se cuece como una crema normal.

CREMA PASTELERA

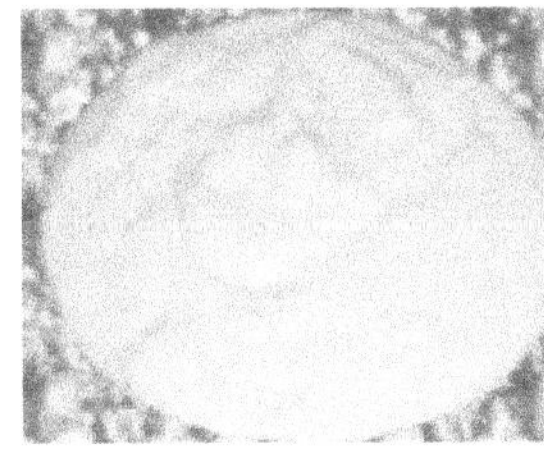

INGREDIENTES

- Leche perfumada 1L
- Azúcar 200gr
- Harina floja 120gr
- Huevos 4

ELABORACIÓN

- Perfumar la leche con canela en rama y piel de limón
- Mezclar en frío el azúcar, la harina y los huevos con varilla.
- Añadir la leche perfumada hirviendo, poco a poco moviendo con varilla y con el fuego apagado.
- Poner a fuego medio y cocer hasta que espese y no sepa a harina.

Opcional:

a) Se le puede añadir unas gotas de colorante amarillo huevo
b) Se le puede añadir un poco de aroma a vainilla o azúcar avainillada, pero muy poco porque pica.

CREMA Y MOUSSE DE FERRERO ROCHER

INGREDIENTES

- Cobertura negra 500g
- Brandy 1 toque
- Mantequilla 20g
- Azúcar 200g
- Nata de cocinar 500g
- Praliné de avellana 200g
- Almendra granillo garrapiñada 50g
- Nata de montar (Para montar la mousse) 2L

ELABORACIÓN

- Calentar todo junto al baño María sin la almendra hasta que mezcle bien y funda la cobertura
- Dejar enfriar a temperatura ambiente
- Añadir la almendra

Si vamos a hacer la mousse, añadiríamos la crema anterior a temperatura ambiente, sobre la nata montada, poco a poco, embutiendo con movimiento envolvente

FROSTING DE DULCE DE LECHE

INGREDIENTES

- Mantequilla 125g
- Queso Philadephia 225g
- Dulce de leche 150g
- Azúcar glass 60g

ELABORACIÓN

- Tener el Philadephia a temperatura ambiente o meterlo en un bol y calentarlo un poco en el microondas hasta ablandarlo.
- Poner en pomada la mantequilla y agregarlo al mismo bol, mezclar bien.
- Calentar el dulce de leche en el microondas y cuando esté templado agregar el azúcar glass tamizado y mezclar bien.
- Agregar el dulce de leche a la mezcla anterior, mezclar bien y tapar con film el bol y reservar en el frigorífico.
- Se hace este frosting un día antes para que esté bien para ponerlo sobre los cupcakes.

GLASA AL AGUA

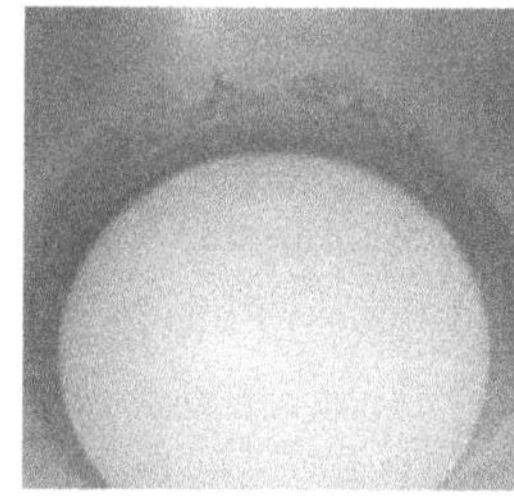

INGREDIENTES

- Azúcar Glass 500g
- Agua 125ml

ELABORACIÓN

- Mezclar en frío.
- Si compramos azúcar glas, observar que no sea impalpable, o sea que no lleve almidón.
- No hace falta comprarla, puedes hacerla con una batidora, poniendo en el vaso pocas cantidades para que no se caliente

USO

- La mejor manera de usarlo es pasar el dulce por la glasa cuando este esté caliente aún. De esta manera se pondrá crujiente al momento.
- Si se nos ha enfriado el dulce, pasamos por la glasa e introducimos en el horno a 200ºC y al sacar dejar enfriar.

HUEVO-MOL

(Para cubrir dulces antes de la glasa al agua)

INGREDIENTES

- Azúcar 1kg
- Agua 500ml
- Harina recia 130g
- Yemas de huevo 9
- Color amarillo huevo

ELABORACIÓN

- Cocer el agua con el azúcar, mientras se hace una cachuela o papilla con la harina y 250ml de agua.
- Una vez hecha la papilla le añadimos las 9 yemas. Nunca agregar las yemas con la harina sin que esta tenga el agua.
- Una vez hervida el agua y el azúcar agregamos la papilla y dejamos hervir 4 o 5 minutos sin dejar de mover.

HUEVOMOL ECONÓMICO

INGREDIENTES

- Azúcar 1kg
- Agua 500ml
- Harina recia 120g
- Color amarillo huevo

ELABORACIÓN

- Unir azúcar y harina y añadir el agua hirviendo poco a poco.
- Cocer durante 2 minutos la mezcla y añadir colorante al final.

JALEA DE MANZANA

INGREDIENTES

Sirve para rellenar o pintar

- Manzanas verdes 1kg
- Agua 1L
- Azúcar 700g

ELABORACIÓN

- ➢ Pinchar las manzanas con una brocheta por todos sitios. Hervir en una olla con los demás ingredientes excepto el colorante.
- ➢ Hervir 50 minutos y espumar 5 minutos más.

MERENGUE FRANCÉS

- Es el producto elaborado que generalmente lo hacen en casa con el desconocimiento de que no mantiene su forma. Claras y azúcar sin cocción y montado.

- Este merengue no lo usaremos en 1° ya que se usa bastante pero para añadirlo a nuestra mezcla para hacer mousses y semifríos, sirve para aportar esponjosidad a nuestra elaboración, no recibe calor alguno, por lo tanto no tiene cocción ni consistencia amplia en el tiempo a menos que se mezcle con producto pre gelificado sin solidificar

MERENGUE SUIZO O SECO

INGREDIENTES

- Claras 1L
- Azúcar 2kg

ELABORACIÓN

- Se calienta al baño maría a 75ºC antes de ponerlo a montar
- Se puede secar al horno a 80ºC

MERENGUE ITALIANO

INGREDIENTES

- Azúcar 2kg
- Agua 500ml
- Claras 500ml

ELABORACIÓN

- ➢ Poner a montar las claras.
- ➢ Hacer jarabe A 121°C.
- ➢ Poner poco a poco un hilito en el bol de las claras y se sigue montando.

MERMELADA DE FRAMBUESAS

INGREDIENTES

- Pulpa de frambuesa 1kg
- Azúcar 600g
- Glucosa 150g
- Pectina 10g
- Zumo de limón 20g

ELABORACIÓN

- Calentar la pulpa con la mitad del azúcar y añadir la glucosa a 40°C
- Mezclar la otra parte del azúcar con la pectina e introducir en la cocción removiendo enérgicamente.
- Cocer a 105°C. Una vez cocida a la temperatura deseada, añadir el zumo de limón.
- Envasar y realizar el vacío. Pasteurizar el recipiente en horno de vapor a 100°C durante 20m.

MERMELADA DE NARANJA

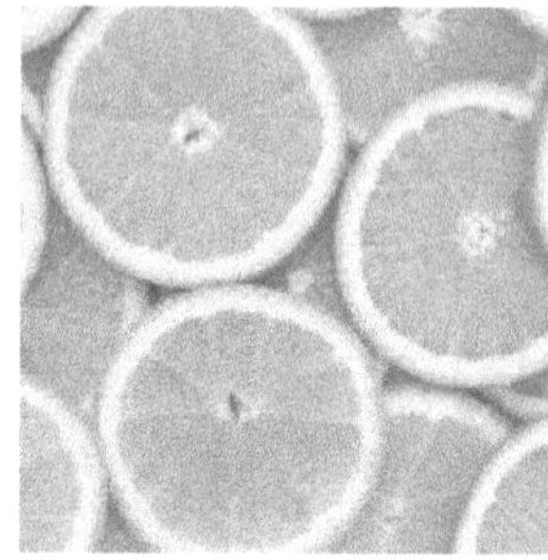

INGREDIENTES

- Naranja 900g
- Agua 900g
- Limones exprimidos 2
- Azúcar 900g

ELABORACIÓN

- Pelar la naranja sin la parte blanca (Ceste de naranja) y cortar en juliana muy fina
- Retirar la parte blanca y desechar.
- Trocear la naranja.
- Introducir todos los ingredientes juntos y cocer a fuego medio-bajo unos 40 minutos, introduciendo en los últimos 10 minutos la juliana de piel de naranja.
- Enfriar rápidamente o introducir en tarros de cristal y cerrando la tapa colocar boca abajo para que se realice el vacío en los botes de forma natural

PARA SACRISTANES DE COCO

INGREDIENTES

- Coco rallado 400g
- Crema pastelera 400g
- Claras huevo 250ml (si no hay claras solo, usamos el huevo entero)

ELABORACIÓN

- Amasar todo junto, extender entero sobre las tiras de hojaldre.
- Doblar el dulce en forma de corbata o lazo y hornear.
- Bañar con gelatina.

PASTA DE YEMA

INGREDIENTES

- Yemas 12
- Maicena 30g
- Agua 1L
- Azúcar 500g

ELABORACIÓN

- Mezclar en frío las yemas y la maicena.
- Hace jarabe a punto de hebra floja.
- Añadir la mezcla anterior.
- Hervir hasta espesar.
- Apartar y enfriar rápidamente.

PRALINÉ

INGREDIENTES

• Azúcar	200g
• Agua	50g
• Gotas de limón o vinagre	3
• Fruto seco	200g

ELABORACIÓN

- Hacer caramelo a 160°C con el azúcar, agua y limón
- Añadir el fruto seco, mover un poco, dejar la mezcla 1 minuto dentro del cazo
- Extender sobre papel de horno o silpat
- Dejar enfriar
- Romper en trozos e introducir en batidora o thermomix
- Triturar hasta que se forma una pasta

TRUFA CALIENTE PARA COBERTURA

INGREDIENTES

- Nata de cocinar 500g
- Cobertura chocolate 1kg
- Azúcar 100g
- Brandy 1 pizca

ELABORACIÓN

- Poner a fuego lento hasta que se funda la cobertura

TRUFA FRIA

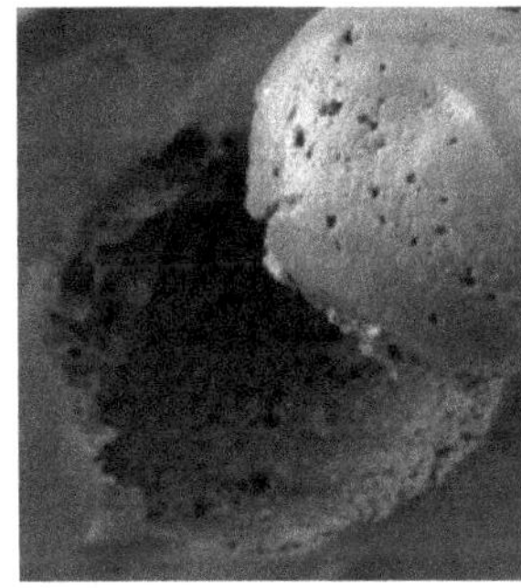

INGREDIENTES

- Nata 35%Mg 1L
- Cobertura chocolate negro 300g
- Azúcar 250g
- Hojas de gelatina (Opcional) 6

ELABORACIÓN

- Separar 100ml nata y unir con la cobertura para fundirla al baño maría.
- Reservar y dejar que enfríe a temperatura ambiente (Si queda caliente se bajará y se cortará la mousse o trufa fría)
- Montar los 900ml Nata con el azúcar y reservar en frio
- Volcar poco a poco a hilo fino la cobertura sobre el borde del bol donde está la nata, embutiendo o mezclando lentamente y sin dar golpes con ayuda de una varilla o una lengua realizando movimiento circular.

OBSERVACIONES

- Si queremos dar mayor solidez a nuestra mousse porque vayamos a moldearla, añadir a la mezcla primera de 300g chocolate y 100ml nata 6 hojas de gelatina previamente hidratadas en agua fría y bien escurridas antes de incorporarlas a la mezcla en caliente

YEMA DURA

INGREDIENTES

- 6 yemas de huevo
- 100 gramos de azúcar

ELABORACIÓN

- Coceremos conjuntamente las yemas con el azúcar, a baño María, y moviendo con varilla hasta que se vaya espesando como un puré.
- La retiraremos del fuego y la dejaremos enfriar.
- Si la queremos un poco más dura le podemos añadir en frío azúcar glass.

Praliné (Mirar receta)

- Se trata de mezclar frutos secos (avellana, o almendra principalmente) con azúcar hecha caramelo.
- Hay que triturarlo durante unos minutos para que el fruto seco desprenda toda la grasa y mezcle bien con el caramelo.
- También se puede hacer de nueces, o cacahuete.

YEMA FINA

INGREDIENTES

- Yemas 12
- Azúcar 250g
- Agua 125g

ELABORACIÓN

- Hacer jarabe a 117ºC
- Añadir las yemas todas a la vez moviendo rápidamente fuera del fuego sin parar hasta reducir la temperatura.
- Dejar enfriar antes de usar

YEMA PASTELERA

INGREDIENTES

- Huevos 12
- Azúcar 500g
- Agua 250g
- Maicena 25g

ELABORACIÓN

- ➢ Hacer jarabe a 117ºC
- ➢ Mezclar las yemas en frio con la maicena.

Añadírselo al jarabe anterior y cocer hirviendo unos 30 segundos.

RA5. Obtiene jarabes, coberturas, rellenos y otras elaboraciones, describiendo y aplicando las técnicas de elaboración.

JARABES, ALMÍBARES, AZÚCARES Y CARAMELOS

AZÚCAR FONDANT O FONDANT

INGREDIENTES

• Azúcar	500g
• Agua	125g
• Zumo de Limón	Unas gotas
• Glucosa	166g

ELABORACIÓN

- Mezclar todo
- Hervir 117ºC
- Volcamos sobre mesa de mármol y trabajamos hasta que se torna de color blanco.
- La glucosa en nuestros turrones provoca que nos queden más húmedos y no solidifiquen en forma de caramelo.

CALADO

INGREDIENTES

- Agua 1L
- Azúcar 250g
- Canela en rama 1
- Ceste de limón (Cáscara de limón sin lo blanco)
- Chorro generoso de Brandy

ELABORACIÓN

Hervir todo junto 5 minutos y dejar enfriar

USOS

a) Calar
b) Bañar
c) Empapar
d) Mojar

CARAMELO PARA HILOS

INGREDIENTES

- Azúcar 250g
- Agua 100ml
- Glucosa 50g

ELABORACIÓN

- Hervir hasta 160ºC, formar hilos con ayuda de una varilla rota o tenedor, colocando en el borde de la mesa los mangos de dos cacillos o espumaderas de manera que queden salidos hacia fuera.
- Mover la varilla con caramelo desde un mango a otro formando hilos finos.
- Conservar en caja de corcho con sílice para la humedad.

CARAMELO PARA FORRAR MOLDES

INGREDIENTES

- Azúcar 500g
- Agua 100ml
- Limón 6 gotas

ELABORACIÓN

- Poner todo junto en cazo o sartén sin mover con cuchara, solo se puede mover cogiendo el mango del cazo y realizando movimientos circulares.
- Con una brocha y agua se puede mojar de vez en cuando los bordes pegados de azúcar para que no se queme.
- Sacar del fuego a 160ºC

Elementos importantes para trabajar con caramelo

a) Guantes y muñequeras: Los guantes no son para no quemarnos sino para evitar el aportar humedad al caramelo, que es precisamente lo que estropea las piezas. Las muñequeras nos sirven para absorber el sudor que sale del guante.
b) Hiposodul: Polvos que retardan la sudoración de las manos.
c) Ácido tartárico: Su sustituto es el limón, aunque es mejor usar el tartárico que sale de la uva. Se vende en farmacia en polvo dentro de un bote, se pondrá la misma cantidad de agua que de polvo y se calienta a 90 grados aproximadamente, se usará con un gotero que compraremos aparte, Mientras más ácido aportamos al caramelo más fácil es usarlo porque se retarda el endurecimiento o cristalización, pero mientras más le ponemos menos nos dura la pieza intacta
d) Usaremos siempre agua mineral para evitar la cal y el cloro
e) Moja las manos antes de coger la glucosa.
f) A mayor humedad de la zona donde estés, mayor será la cantidad de glucosa y mayor temperatura en el caramelo.

g) Cuando usemos azúcar Isomalt no pondremos nada de agua ni ningún producto, solo isomalt a 165ºC máximo.
h) Si usamos azúcar común, usaremos mejor la de caña en vez de la de remolacha, a simple vista no se distinguen, debemos leerlo en el envoltorio.
i) Gel de sílice: Es un sobrecito como el de las cajas de zapatos para la humedad que pondremos dentro de la caja de corcho blanco para meter el caramelo.
j) Si usamos colorante con base de agua lo pondremos al principio para que se evapore su agua, si es en gel, pasta o polvo, se lo pondremos al final.
k) El mejor pegamento para las piezas es el propio isomalt

CARAMELO COLADO

- Azúcar 1kg
- Agua 400g
- Glucosa 300-350g

> ➢ Cocción 155-160ºC

CARAMELO BURBUJA

- Azúcar 1kg
- Agua 400g
- Glucosa 300-350g

> ➢ Cocción 160 grados

CARAMELO SATINADO

- Azúcar 1kg
- Glucosa 250g
- Agua 300g
- Ácido tartárico 10 gotas

> ➢ Cocción a 165 grados

CARAMELO SOPLADO

- Azúcar 1kg
- Glucosa 250g
- Agua 350g
- Ácido tartárico 8 gotas

> ➢ Cocción a 158-160 grados

CARAMELOS DE TOFFEE

INGREDIENTES

• Azúcar	400g
• Glucosa	300g
• Agua	50ml
• Sal	Pizca
• Vainilla	Pizca
• Mantequilla	60g
• Nata	100ml

ELABORACIÓN

- Hacer caramelo a 165ºC con el azúcar, glucosa, y el agua.
- Añadir sal, vainilla y hervir hasta llegar a 120ºC
- Fuera del fuego añadir la mantequilla, y al derretirse añadir la nata.
- Moldear en individual o placa engrasada la cual cortaremos posteriormente

CARNE DE MEMBRILLO

INGREDIENTES

- Puré de membrillo cocido 1kg
- Azúcar 600g

ELABORACIÓN

- Hervir el membrillo y triturar en pasapurés.
- Pesar y añadir por cada kg, 600gr de azúcar.
- Hervir hasta que casi se despcgue de las paredes
- Moldear y dejar enfriar

RA6. Decora el producto relacionando las diferentes elaboraciones y valorando los criterios estéticos con las características del producto final.

DECORACIÓN DE PRODUCTOS DE PASTELERÍA

BARQUILLOS - CRUJIENTES – TEJAS - OTROS

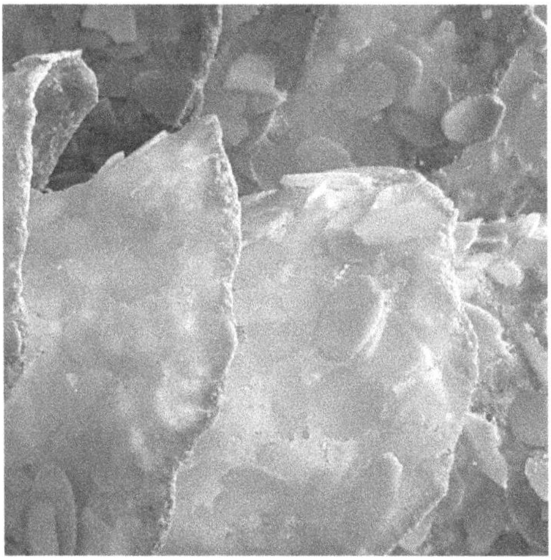

BRILLO O PIPING GEL

INGREDIENTES

• Gelatina sin sabor o grenetina	10g
• Agua fría	10g
• Glucosa líquida o de miel de maíz	250g
• Zumo de limón	10 gotas
• Esencia al gusto	

ELABORACIÓN

- Hidratar la gelatina
- Calentar 30 segundos en microondas hasta que quede disuelta y líquida.
- Calentar la glucosa, agregar la gelatina disuelta y mezclar muy bien hasta que todo esté líquido.
- Agregar el ácido cítrico y la esencia.
- Mezclar.
- Sacar del fuego.
- Dejar enfriar.
- Cuando esté frío cambiará su textura líquida y estará gelatinosa.
- Conservarla en un envase hermético y mejor si esta en refrigeración.

USOS

a) Se le puede mezclar con colorantes.
b) Se puede pintar frutas para darles brillo.
c) Se puede dar brillo a nuestras tartas y pasteles de fruta y cubiertas de fondant.
d) Sirve como pegamento alimentario al igual que la goma de CMC.
e) Se puede pegar papel de arroz o azúcar.
f) Se puede pegar piezas modeladas en fondant y pasta similares de azúcar.
g) Se puede representar agua en una tarta o bandeja.
h) Sirve para pegar flores de pasta de goma.

CANUTILLOS

INGREDIENTES

• Mantequilla	90g
• Miel	3 cucharadas
• Azúcar moreno	50g
• Jengibre fresco rallado	5g
• Jengibre molido	5g
• Harina floja	60g

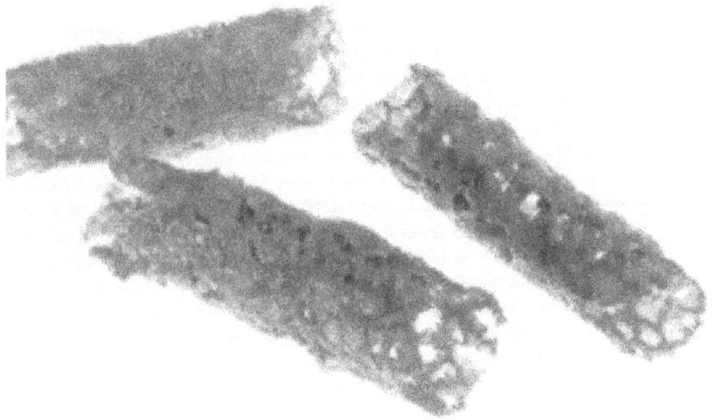

CUCURUCHOS DE CANELA

INGREDIENTES

• Mantequilla	125g
• Azúcar	250g
• Huevos	4-5
• Harina	200g
• Ron	Cucharadita
• Canela en polvo	1 Cucharadita
• Sal	Pizca

ELABORACIÓN

- Montar mantequilla, huevos y azúcar
- Embutir harina
- Añadir el ron, canela y sal

CUCURUCHOS DE FRISIA ORIENTAL

INGREDIENTES

- Mantequilla 250g
- Azúcar 500g
- Huevos 3
- Harina 500g
- Azúcar avainillada

ELABORACIÓN

- Montar mantequilla con azúcar y huevos
- Embutir harina
- Añadir aroma

CUCURUCHOS PARA HELADOS

INGREDIENTES

- Mantequilla 55g
- Azúcar 115g
- Leche 60ml
- Harina floja 85-100g
- Cucharadita de azúcar avainillada

ELABORACIÓN

- Montar mantequilla y azúcar
- Añadir leche poco a poco
- Embutir harina
- Añadir aroma
- Cocinar en plancha eléctrica de barquillo

CRUJIENTES DE ACEITE DE OLIVA

INGREDIENTES

- Azúcar 100g
- Harina 40g
- Zumo de naranja 40g
- Aceite de oliva 50g

ELABORACIÓN

- Precalentar horno a 180ºC
- Mezcla azúcar y harina
- Vierte zumo de naranja y aceite de oliva
- Coloca papel de horno sobre lata
- Con cuchara extender
- Hornear hasta tono dorado
- Dar forma al salir de horno

CRUJIENTES DE ALMENDRAS

INGREDIENTES

• Leche	100ml
• Mantequilla	250 g
• Glucosa	100 g
• Azúcar	300 g
• Almendra fileteada tostada	300 g
• Gelatina de manzana	50 g

ELABORACIÓN

- En un cazo, calentar la leche, glucosa y mantequilla a unos 45º-50º. Añadir la gelatina de manzana y azúcar, que habremos mezclado previamente, llevándolo a ebullición, añadir la almendra y extender en teflón, y meter al horno.
- Dejar enfriar ligeramente.

CRUJIENTES DE ALMENDRAS Y CACAO

INGREDIENTES

• Leche.	100ml
• Mantequilla.	250 g
• Glucosa.	100 g
• Azúcar.	300 g
• Cacao triturado	50 g
• Almendra fileteada tostada.	300 g
• Gelatina de manzana.	50 g

ELABORACIÓN

- En un cazo, calentar la leche, glucosa y mantequilla a unos 45º-50º. Añadir la gelatina de manzana y azúcar, que habremos mezclado previamente, llevándolo a ebullición, (106º) añadir la almendra y el cacao triturado, extender en teflón, y meter al horno.
- Dejar enfriar ligeramente, antes de retirarlas del teflón.

CRUJIENTES DE ALMENDRA Y SIDRA

INGREDIENTES

- Azúcar 300g
- Granillo de almendra 150g
- Harina floja 75g
- Mantequilla 150g
- Sidra 125g

ELABORACIÓN

- Mezclar todos los ingredientes y poner sobre "teflones" o similares unos montoncitos, golpear la placa, y meter al horno a 180°.

CRUJIENTES DE CAFÉ

INGREDIENTES

- Almendras 80g
- Pistachos 80g
- Avellanas 80g
- Glucosa 100g
- Azúcar 300g
- Agua 100g
- Nata 25g
- Café soluble 15g

ELABORACIÓN

- Triturar y tostar los frutos secos.
- Poner el azúcar con el agua a cocer, cuando rompa a hervir, espumar
- Añadir la glucosa y dejar hacer un caramelo claro
- Añadir la nata y el café, remover bien
- Añadir los frutos secos
- Extender al grosor que se desee, sobre un "teflón", y cortar , antes de que se enfríe del todo.

CRUJIENTES DE CERVEZA

INGREDIENTES

• Azúcar	300 g
• Granillo de almendra	150 g
• Harina floja	75 g
• Mantequilla	150 g
• Cerveza	125 g

ELABORACIÓN

- Mezclar todos los ingredientes (la mantequilla fundida pero no caliente)
- Extender en un teflón al tamaño que se desee, lo mas fino posible
- Cocer en el horno a 180º hasta que doren
- Dejar enfriar ligeramente y darles la forma deseada.

CRUJIENTE DE CHOCOLATE

INGREDIENTES

- Cobertura 40g
- Praliné de avellanas 300g
- Feuilletiné 150g

ELABORACIÓN

- Fundir la cobertura y mezclar el praliné
- Añadir el Feuilletiné
- Estirar entre dos teflones al grosor deseado
- Congelar

CRUJIENTE DE CHOCOLATE 2

INGREDIENTES

- Azúcar lustre 300g
- Nata 160g
- Harina floja 75g
- Cacao 40g

ELABORACIÓN

- Mezclar todos los ingredientes, escudillar en tiras sobre papel siliconado, cocer a 190° y reservar en recipientes bien tapados con productos antihumedad.

CRUJIENTES DE CROCANTE

INGREDIENTES

- Mantequilla pomada 100g
- Azúcar 200g
- Zumo de naranja 100ml
- Harina 60g
- Almendra molida 50g

ELABORACIÓN

- Mezclar los ingredientes y dejar unas horas en la nevera hasta que endurezca.
- Colocar sobre papel siliconado, en bandejas de horno. Lo haremos extendiendo la pasta con una espátula untada en aceite, para que no se pegue. Dejaremos un grosor muy fino.
- Coceremos a 180° C durante 3 o 4 minutos. Cuando empiece a dorar, sacaremos la pasta y notaremos que aún está blanda. Esto es porque cristaliza a medida que va enfriando. Por ello hay que trocearla o cortarla con un cuchillo antes de que enfríe

GLASA PARA ESCRIBIR

INGREDIENTES

- Azúcar glass 250g – 300g
- Claras pasteurizadas 4 cucharadas
- Vinagre 10 gotas

ELABORACIÓN

- Batir 5 minutos a marcha rápida

GLASA PARA RELLENAR

- Añadir cucharadita de agua a la mezcla anterior para hacerla más fluida, por cada cucharadita batir 1 minuto.
- Colorear con pasta o gel. El negro y el rojo será gris y rosa relativamente y dejaremos de un día para otro para que oscurezcan. No podemos añadir tanto tinte para conseguir esos colores porque desteñirían.
- Para el color negro podemos sustituir azúcar glas por cacao en polvo.
- Para perfilar es con manga y boquilla, para rellenar es con biberón.

GUIRLACHE, NOUGATINE, CROCANT

INGREDIENTES

- Azúcar 500g
- Glucosa 100g
- Miel 100g
- Frutos secos 200g

ELABORACIÓN

- Hacer caramelo a 160ºC con el azúcar, glucosa y miel.
- Añadir los frutos secos
- Triturar

HUEVO HILADO

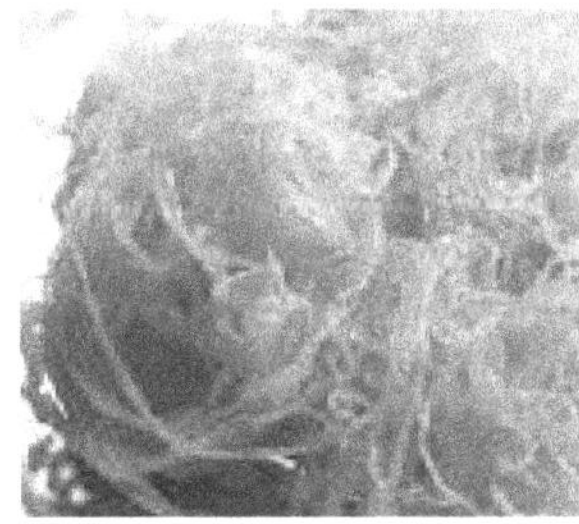

INGREDIENTES

- Azúcar 3kg
- Agua 750ml
- Yema de huevo 1L

ELABORACIÓN

- Mezclar los ingredientes sin montar o agitar fuertemente.
- Pasar por colador chino.
- Se realiza un jarabe o almíbar denso donde se cuece la mezcla anterior, usando el mosset o hilador de huevo. Introduciendo yema en el almíbar poco a poco, y con ayuda de una araña sacar e introducir en agua con hielo

OBSERVACIONES

a) Para que no nos salga espuma en el jarabe se pone dentro los residuos de haber pasado las yemas por un chino para limpiarlas.

NARANJAS CONFITADAS

INGREDIENTES

- Naranjas de zumo 2
- Agua para la primera cocción
- Azúcar 300g
- Agua 300g
- Licor de naranja (Opcional)
- Cobertura de chocolate (Opcional)

ELABORACIÓN

- Lavar naranjas
- Cortar en rodajas de 5mm de grosor
- Hervir 5 minutos en la primera agua hasta que ablande la piel
- Escurrir
- Unir el azúcar y la segunda agua (300gr x 300gr) y poner a hervir
- Añadir las rodajas de naranja con cuidado
- Cocer a fuego muy lento durante 1 hora aproximadamente
- Retirar y colocar en papel de horno
- Secar al horno a 80°C si se desean más secas

NUBES

INGREDIENTES

- Azúcar 1kg
- Agua 400g
- Glucosa 200g
- Gelatina (23 Hojas)45g
- Claras 350g

ELABORACIÓN

- Hervir el agua con la glucosa.
- Cuando llegue a 110ºC poner a montar las claras
- Cuando llegue a 120ºC meter la gelatina hidratada y montar el merengue como italiano, montar hasta que esté frio.
- Moldear con maicena y azúcar glass (40%-60%) o azúcar antihumedad
- Cuando quede moldeado cortar y pasar por más azúcar antihumedad
- Como saborizante podemos meter 300gr de pulpa de fruta en almíbar (Poco liquido mejor) pero se pone al principio con el almíbar.

PÉTALOS CRISTALIZADOS

INGREDIENTES

- Pétalos de rosa
- Claras de huevo
- Azúcar en grano

ELABORACIÓN

- Separar pétalos
- Batir claras solo para mezclar, sin montar
- Pintar cada pétalo con las claras
- Pasar por azúcar en grano
- Deshidratar sobre papel siliconado o silpat a 80°C 2 horas aproximadamente.

TEJAS CON FRUTAS

INGREDIENTES

- Leche 200 g
- Glucosa 200 g
- Mantequilla 500 g
- Azúcar glass 600 g
- Cerezas escarchadas (rojo) 100 g
- Calabacete ....(amarillo) 100 g
- Cerezas escarchadas(verde) 100 g
- Almendra fileteada 700 g

ELABORACIÓN

- Pondremos todos los ingredientes del primer grupo al fuego suave, sin dejar de remover
- Cuando tengamos una mezcla homogénea, lo retiramos y añadimos el segundo grupo
- Pondremos porciones en placa engrasada, o sobre "teflones" bien extendido y en forma circular
- Coceremos en horno a 175°
- Sacar y poner sobre botellas o rodillos , para que enfríe.

TEJAS CRUJIENTES AL LIMÓN

INGREDIENTES (para 60 tejas aprox.)

- Mantequilla 200g
- Zumo de limón 200g
- Azúcar glass 200g
- Harina 150g
- Azúcar moreno 200 g
- Ralladura de limón 4 limones

PREPARACIÓN

- Trabajar un rato la mantequilla y cuando quede en pomada añadir las dos clases de azúcar, el zumo de limón, un poco templado, la harina y la cáscara de limón muy rallada.
- Cuando esté bien mezclado, extender, sobre placas de horno bien engrasadas, porciones muy finas
- Cocer a 180° C, hasta que tomen color (más o menos 10 minutos).
- Sacar del horno, poner en caliente sobre un cilindro y dejar que tomen forma.

TEJAS DE ALMENDRA

INGREDIENTES

- Azúcar glass 120g
- Mantequilla 100g
- Leche 40g
- Glucosa 40g
- Almendra en polvo 120g

ELABORACIÓN

- La mantequilla, leche y glucosa la pondremos a hervir.
- Añadimos el azúcar y lo revolvemos
- Cuando este bien incorporado, le añadimos la almendra en polvo
- Mezclamos
- Dejamos reposar una noche.
- Se conserva varias semanas.

TEJAS DE CHOCOLATE

INGREDIENTES (para 60 tejas aprox.)

- Claras de huevo 6
- Azúcar glass 400g
- Harina 100g
- Mantequilla fundida 200g
- Cacao amargo 100g

ELABORACIÓN

- Montar las claras con el azúcar glass,
- Añadir harina y el cacao, poco a poco sin dejar de batir.
- Por último agregar la mantequilla fundida y mezclar bien.
- Dejar reposar la masa media hora al frío.
- Pasado este tiempo poner porciones bien extendidas de masa sobre una placa bien engrasada o con silpat y cocer en el horno a 180° C durante 6-8 minutos.
- Sacar del horno, poner en caliente sobre un cilindro y dejar que tomen forma.

TEJAS DE COCO

INGREDIENTES (para 60 tejas aprox.)

- Coco rallado 300g
- Harina 80g
- Azúcar glas 300g
- Mantequilla fundida 50g
- Claras de huevo 6
- Huevos 2
- Nata líquida 50ml

ELABORACIÓN

- Mezclar el azúcar con el coco y a continuación añadir los huevos, las claras, la mantequilla fundida, la harina y la nata.
- Amalgamar todo bien y cuando esté bien mezclado se extienden, sobre una bandeja de horno bien engrasada, porciones pequeñas de masa bien extendidas.
- Cocer a 180° hasta que tomen color, más o menos 10 minutos.
- Sacar del horno, poner en caliente sobre un cilindro y dejar que tomen forma

TEJAS DE GRANILLO

INGREDIENTES

- Granillo de almendra 500g
- Azúcar 500g
- Mantequilla 100g
- Huevos 7g
- Harina floja 150g
- Sal 1g
- Vainilla una pizca

ELABORACIÓN

- En un recipiente, se mezclan con espátula de madera, todos los ingredientes, hasta conseguir una pasta, suave y algo liquida (añadiendo la mantequilla fundida, pero no caliente).
- En placa engrasada, extenderemos la pasta y coceremos a 200°.
- Las sacaremos del horno, cuando empiecen a dorar los cantos. Se quitaran de la "lata" en caliente, poniéndolas en el molde que deseemos.

TEJAS DE MANTEQUILLA

INGREDIENTES (para 60 tejas aprox.)

- Mantequilla 300g
- Azúcar glass 300g
- Harina 100g
- Claras de huevo 8

PREPARACIÓN

- Trabajar un poco la mantequilla para que quede en pomada; añadir el azúcar glas y mezclar bien
- Añadir las claras de huevo y la harina tamizada, aromatizar con vainilla y mezclar bien.
- Poner porciones extendidas de masa sobre una placa bien engrasada o con silpat, salpicar con frutos secos, semillas de amapola, sésamo, coco, granillo de almendra o dejarlas naturales y cocer en el horno a 180º C durante 8-10 minutos.
- Sacar del horno, poner en caliente sobre un cilindro y dejar que tomen forma.
- Esta misma masa es la que se utiliza para hacer las tulipas.

TEJAS DE MIEL

INGREDIENTES

- Mantequilla 200g
- Miel caliente 200g
- Azúcar glass 200g
- Harina 200g
- Claras 60g

ELABORACIÓN

- Juntar todo, y mezclar muy bien, si fuera necesario, pasaríamos la pasta por un tamiz muy fino
- Hornear a 175° sobre placa engrasada
- Retirarla de la placa en caliente para darle forma.

TEJAS DE NARANJA

INGREDIENTES (para 60 tejas aprox.)

- Piel de naranja en brunoise (puede ser confitada) 50g
- Azúcar glass 300g
- Zumo de naranja colado 90g
- Harina 90g
- Ralladura de naranja muy fina. 30g
- Granillo de almendra 150g
- Mantequilla fundida 120g

ELABORACIÓN

- Mezclar el azúcar con la harina, la ralladura de naranja, la piel cortada en brunoise y añadir el zumo de naranja
- Mezclar bien y agregar, por último la mantequilla fundida.
- Dejar reposar la masa un par de horas en la cámara.
- Pasado este tiempo poner porciones bien extendidas de masa sobre una placa bien engrasada o con silpat
- Cocer en el horno a 180º C durante 6-8 minutos.
- Sacar del horno y poner en caliente sobre un cilindro y dejar que tomen forma.

TULIPAS

INGREDIENTES

- Mantequilla 300g
- Harina 300g
- Azúcar glass 300g
- Huevos 3

ELABORACIÓN

- Poner mantequilla en pomada y mezclar con varilla todo a partes iguales.
- Extender con cuchara sobre papel de horno.
- Hornear a 180ºC y al sacar despegar de papel y colocar entre dos flaneras para que mantenga la forma de cuenco una vez se enfríe.
- Se debe hacer muy rápido porque sino se rompe al moldearlo.

TULIPAS ROMANOFF

INGREDIENTES

- Mantequilla 125g
- Azúcar glass 200g
- Claras (templadas) 180g
- Harina Floja 100g
- Almendra polvo 35g
- Azúcar glass 35g

ELABORACIÓN

- Mezclar la mantequilla en pomada con el azúcar lustre
- Añadir las claras templadas y mezclar
- Añadir la harina, mezclar
- Añadir la mezcla de azúcar glass (35g) y la almendra en polvo (35g)
- Conseguir una mezcla homogénea y poner sobre silpat en las latas
- Hornear a 200ºC hasta que estén doradas
- Retirar y moldear rápidamente.

Nota:

a) Se puede hacer una plantilla con un cartón, para que salgan todas iguales.

TRUFAS Y BOMBONES

BOMBONES VEGANOS SIN AZÚCAR

INGREDIENTES

- Dátiles deshuesados 100g
- Avellana tostada sin sal y sin piel 70g
- Cacao en polvo 10g
- Sal 1 pizca
- Tableta de chocolate vegano sin azúcar (Para cubrir)

ELABORACIÓN

- Triturar todo excepto la tableta de chocolate
- Formar bolitas de 17g
- Fundir cobertura vegana a 37°C
- Pasar las bolitas por la cobertura y posar sobre papel de horno para despegar al enfriarse

TRUFAS CRUJIENTES AL RON

INGREDIENTES

- Chocolate 200g
- Nata 50g
- Ron 50g
- Ralladura de piel de 1 naranja
- Miel 7g

ELABORACIÓN

- Cubrir las bolas hechas con estos ingredientes, con chocolate y una vez solido pasar por cacao.

TRUFAS CON PRALINÉ DE ALMENDRAS

INGREDIENTES

- Mantequilla 90g
- Nata montada 125ml
- Chocolate con leche 300g
- Yemas 2
- Praliné de almendras (Esto se añade en frio)125g
- Cacao tamizado (Exterior)

TRUFAS CON PRALINÉ DE AVELLANA

INGREDIENTES

- Mantequilla 50g
- Chocolate fondant 250g
- Nata 125g
- Ron 1 cucharada
- Praliné de avellanas 125g

- Para el exterior de estas trufas: 50g chocolate fondant, 50g chocolate con leche

TRUFAS BLANCAS

INGREDIENTES

- Almendras trituradas 30g
- Mezclas de frutas glaseadas picadas
- Nata 3 cucharadas
- Chocolate blanco 100g
- kirsch o coñac 1 cucharada
- Para la cobertura: 50g de coco rallado

TRUFAS DE NARANJA

INGREDIENTES

- Mantequilla 50g
- Nata 75ml
- Chocolate fondant 200g
- Yema 1
- Piel rallada de naranja 1 cucharada
- Piel de naranja rallada 2 cucharadas
- Grand denier 2 cucharada
- Cacao tamizado (Exterior)

TRUFAS DE JENGIBRE

INGREDIENTES

- Mantequilla 50g
- Nata 75ml
- Jengibre fresco ½ cucharada
- Chocolate con leche 200g
- Jengibre glaseado cortado muy fino 50g
- Yema 1
- Drambuie (Licor de whisky) 1 cucharada
- Cacao tamizado (Exterior)

TRUFAS DE ALMENDRA Y CIRUELA

INGREDIENTES

- Ciruelas sin hueso en brunoise 8
- Coñac 2 cucharadas
- Almendras crudas picadas finamente 2 cucharadas
- Nata 125ml
- Chocolate fondant 200g
- Mantequilla derretida 30g
- Cacao tamizado (Exterior)

TRUFAS DE BIZCOCHO

INGREDIENTES

• Migas de bizcocho	100g
• Naranja de piel rallada	de ½
• Limón de piel rallada	de ½
• Azúcar glass	2 Cucharadas
• Mermelada de albaricoque	2 cucharadas
• Cerezas glaseadas en brunoise	2 cucharadas
• Zumo de limón	½ Cucharadita
• Cacao tamizado (Exterior)	

TRUFAS AL RON

INGREDIENTES

- Migas de bizcocho genovés 50g
- Azúcar glass 50g
- Almendras molidas 50g
- Ron negro 2 cucharadas
- Zumo de limón 1 cucharada
- Chocolate fondant 50g
- Glaseado:
    - Azúcar glass 50g
    - Mantequilla 25g
    - Chocolate negro rallado 25g
    - Ron negro 2 cucharadas
    - Agua caliente

TRUFAS NAVIDEÑAS

INGREDIENTES

• Galletas trituradas	90g
• Cerezas glaseadas cortadas en brunoise	2 Cucharadas
• Avellana en brunoise	2 Cucharadas
• Almendras molidas	2 Cucharadas
• Piel de naranja y limón ralladas	2 Cucharadas
• Pasas en brunoise	2 Cucharadas
• Coñac o ron	1 Cucharada
• Esencia de almendra	Unas gotas
• Mantequilla	50g
• Chocolate fondant	200g
• Nata	2 Cucharadas

TRUFAS DE MAZAPÁN Y CHOCOLATE

INGREDIENTES

- Chocolate fondant 30g
- Mazapán 125g
- Yema 1
- Esencia de menta
- Chocolate blanco 100g
- Fruta confitada 24 tiras

INTRODUCCIÓN A POSTRES EN RESTAURACIÓN

ARROZ CON LECHE

INGREDIENTES

- Leche perfumada con canela y cáscara de limón sin la parte blanca (Zeste de limón) 1L
- Arroz 150g
- Azúcar 150g

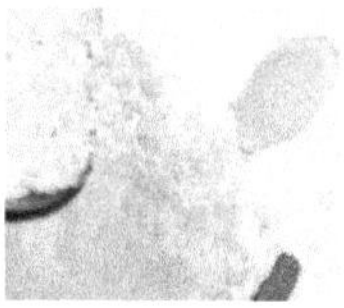

ELABORACIÓN

- ➢ Perfumar la leche con canela en rama y zeste de limón (Piel de limón sin lo blanco) sin que llegue a hervir
- ➢ Añadir el azúcar y el arroz y dejar a fuego lento entre 12 y 15 minutos.
- ➢ Dejar reposar 5 minutos.
- ➢ Introducir en recipiente y refrigerar.
- ➢ Decorar con canela en polvo

BASE DE HELADO

INGREDIENTES

- Leche 1090g
- Nata 300g
- Azúcar 260g
- Glucosa 84g
- Azúcar invertido 40g
- Maicena 4g
- Yemas 80g

ELABORACIÓN

- ➢ Calentar la leche a fuego directo con el azúcar a 30-40°C
- ➢ Añadir glucosa y azúcar invertido llegando 85°C
- ➢ Añadir nata
- ➢ Añadir yemas
- ➢ Añadir sabor
- ➢ bajar a 4-5°C
- ➢ Mantecar

BAVAROIS DE CREMA

INGREDIENTES

- Leche 1L
- Yemas 8
- Gelatina en hojas 30g
- Azúcar 400g
- Nata 1,5L
- Piel de limón 1
- Canela en rama
- Maicena 40g

ELABORACIÓN

- Perfumar la leche con la canela y el ceste de limón
- Añadir el azúcar.
- Mezclar las yemas con la maicena en frío.
- Añadir a la leche y cocer hasta que espérese.
- Hidratar las hojas de gelatina en agua fría.
- Escurrir y añadir a la crema anterior.
- Añadir el puré de fresas.
- Dejar enfriar todo a temperatura ambiente.
- Mezclar con la nata fría y semimontada cuidadosamente.
- Enmoldar en molde encamisado con mantequilla y azúcar
- Dejar enfriar en cámara.

BAVAROIS DE FRESA

INGREDIENTES

- Leche 1L
- Azúcar 500g
- Yemas 10
- Maicena 40g
- Canela en rama
- Ceste de limón (Piel de limón sin lo blanco)
- Cola de pescado 30g
- Puré de fresas 400g
- Nata 1,5L

ELABORACIÓN

- Perfumar la leche con la canela y el ceste de limón
- Añadir el azúcar.
- Mezclar las yemas con la maicena en frío.
- Añadir a la leche y cocer hasta que espérese.
- Hidratar las hojas de gelatina en agua fría.
- Escurrir y añadir a la crema anterior.
- Añadir el puré de fresas.
- Dejar enfriar todo a temperatura ambiente.
- Mezclar con la nata fría y semimontada cuidadosamente.
- Introducir en molde encamisado con mantequilla y azúcar
- Dejar enfriar en cámara.

BIENMESABE ANTEQUERANO

INGREDIENTES

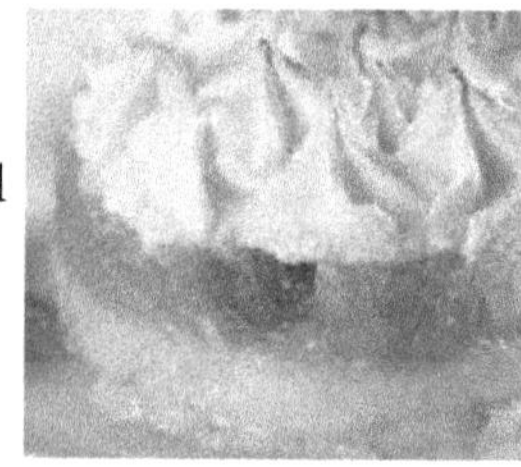

- Azúcar 500g
- Agua 100ml
- Almendra tostada molida 375g
- Huevos (Separar yemas y claras) 6

ELABORACIÓN

- Ralladura de 1/2 naranja y 1/2 limón
- Cabello de ángel 250g
- Azúcar glass 100g
- Canela molida 50g
- Plantilla de bizcocho

ELABORACIÓN

- Poner el agua y el azúcar a cocer hasta el punto de hebra floja (104°C). Añadimos las almendras moviéndolas bien con el azúcar. Añadimos las yemas previamente montadas junto con las ralladuras.
- Hacemos un merengue suizo con las claras (mirar receta) y reservamos.
- Ponemos en un molde un fondo de bizcocho fino. Una capa de relleno otra de bizcocho, otra de relleno, encima ponemos el cabello de ángel y cubrimos todo con merengue.
- Espolvoreamos con canela y azúcar glass.
- Dejamos reposar 2 o 3 horas en lugar fresco.

BISCUIT DE CHOCOLATE

INGREDIENTES

- Yema de huevo 320g
- Azúcar 200g
- Cobertura de chocolate negro 300g
- Merengue suizo 200g
- Nata de montar 500ml
- Plantilla de bizcocho de 9 huevos

ELABORACIÓN

- Cocer al baño maría las yemas con el azúcar sin dejar de remover hasta que llegue a 72ºC.
- Añadir a hilo fino la cobertura.
- Embutir al merengue suizo.
- Añadir la nata montada
- Moldear en molde de bombas previamente pintadas con cobertura atemperada.
- Enfriar y poner disco de bizcocho antes de desmoldar.

BISCUIT DE HIGOS

INGREDIENTES

• Yemas de huevo	5
• Huevo entero	1
• Azúcar	125g
• Higos secos	200g
• Nata montada sin azúcar	400g
• Agua	100ml

SALSA

• Chocolate	200g
• Agua	125g
• Azúcar	110g
• Canela	1 rama
• Mantequilla	20g

ELABORACIÓN

- Hacer un almíbar a punto de hebra flojo con los 125g de azúcar y 100ml de agua y dejar enfriar.
- Aparte batir las yemas y el huevo incorporando el almíbar hasta conseguir una mezcla blanca; dejar enfriar en la nevera.
- Montar la nata, sin azúcar
- Añadir los higos triturados y la mezcla del almíbar y huevos.
- Verter en el molde de pudding y meter a continuación en el congelador.
- Poner a hervir los 125g de agua y los 110g de azúcar, cuando esté hecho el almíbar añadir el chocolate y la canela.
- Dejar infusionar.
- Antes del pase añadir la mantequilla para que brille.
- Servir ésta salsa muy templada acompañando al Biscuit.

BISCUIT GLACÉ DE ALMENDRA

INGREDIENTES

- Yemas 240g
- Praliné de almendra 200g
- Merengue italiano 500g
- Azúcar 200g
- Almendra en polvo tostada 100g
- Nata 1L

ELABORACIÓN

- ➢ Realizar un almíbar a 121°C con el azúcar y el agua.
- ➢ Montar las yemas añadiendo el almíbar a hilo fino poco a poco.
- ➢ En un bol aparte, añadir la pasta de almendra y la nata montada mezclando con cuidado.
- ➢ Añadir el merengue italiano y mezclar con cuidado.
- ➢ Moldear con base y cubierta de bizcocho.
- ➢ Congelar.

BROWNIE

ENTES

Cobertura de chocolate 250g

Huevos 4

- Harina floja 70g
- Azúcar 200g
- Mantequilla 100g
- -nueces----------
- -pistachos-------
- -almendras------
- *La mitad va machacado en mortero y la otra mitad va entero*

ELABORACIÓN

- ➢ Encamisar el molde con mantequilla y harina. Colocar en el fondo un trozo de papel de horno para ayudar al desmoldado.
- ➢ Derretir el chocolate con la mantequilla y reservar. Mezclar los huevos, el azúcar, la harina, y los frutos secos, añadir el chocolate.
- ➢ Hornear a 180ºC 30 o 40 minutos en horno de solera o a 160ºC en horno de convección.

BROWNIE DE CHOCOLATE BLANCO Y NUECES

INGREDIENTES

- Cobertura de chocolate blanco (De calidad, sino no lo hagas) 600g
- Mantequilla 300g
- Huevos 12
- Azúcar 300g
- Esencia de vainilla pizca
- Harina 240g
- Nueces 180g

ELABORACIÓN

- Forrar molde con mantequilla y harina.
- Fundir al baño maría la mantequilla y el chocolate blanco.
- Montamos los huevos con el azúcar y la vainilla hasta que suba 3 veces su volumen.
- Mezclamos los dos componentes anteriores con cuidado que no se baje.
- Embutimos la harina tamizada, poco a poco.
- Introducir las nueces troceadas.
- Hornear a 180°C en horno de convección o a 200°C en horno de solera.

CARLOTA DE CHIQUILÍN

INGREDIENTES

• Crema inglesa	500ml
• Galletas	300g
• Hojas de gelatina	3
• Nata de montar (35%MG)	1L
• Plantilla de bizcocho de	6 huevos
• Cobertura para peinar sobre acetato	200g

ELABORACIÓN

- Hacer crema inglesa y en caliente, añadir las galletas y triturar.
- Añadir las hojas de gelatina previamente hidratadas.
- Dejar enfriar a temperatura ambiente y embutir a la nata poco a poco.
- Escudillar en molde forrado con bizcocho o colocando discos entre capa y capa de mousse.
- Decorar peinando chocolate en acetato antes de introducir la mousse.
- Refrigerar antes de retirar el acetato.

CARLOTA DE MANGO

Para la carlota de mango (6 Personas):

INGREDIENTES

- Huevos 3
- Azúcar 100g
- Harina floja (De repostería) 100g

ELABORACIÓN

- Montar los huevos junto al azúcar con una varilla hasta que aumente tres veces su volumen y su color sea de un
- color blanquecino.
- Añadir la harina con ayuda de un colador poco a poco, lentamente, sin que se baje el huevo.
- Con ayuda de una manga pastelera sin boquilla escudillamos (vertemos) sobre una placa de horno con papel
- vegetal realizando un zigzag .
- Hornear a 200g hasta que la parte superior esté tostada, sin abrir el horno; al sacarlo no debemos darle golpes.
- Cortar círculos para que entren dentro de nuestro molde de acetato.

Calado del bizcocho:

INGREDIENTES

- Agua 100ml
- Canela en rama
- Ceste de limón
- Azúcar 30g
- Brandy 20ml

ELABORACIÓN

- Verter todos los ingredientes dentro de un cazo

- Hervir y dejar enfriar
- Usar brocha para mojar los círculos de bizcocho

Mousse de mango:

INGREDIENTES

- Puré de mango 250g
- Hoja de gelatina 1
- Nata 500ml
- Azúcar 100g

ELABORACIÓN

- Montar la nata con el azúcar y reservar en cámara frigorífica.
- Triturar el mango haciendo un puré sin añadir nada de azúcar. Ponerlo templado a fuego lento y añadir la hoja de
- gelatina previamente hidratada en agua fría. Dejar que enfríe a temperatura ambiente 18-20 grados.
- Añadir este puré lentamente a la nata ya montada, con ayuda de una lengua pastelera o varilla, sin dar golpes,
- realizando un movimiento envolvente desde fuera hacia dentro del bol, sin empujar con el utensilio hacia abajo
  para que no pierda el aire añadido a esa nata al haber sido montada.
- Introducir en manga pastelera y escudillar (verter con la maga) la mousse dentro del acetato y sobre el bizcocho

fino y calado que estaba previamente dentro de este molde fabricado por nosotros.

- ➢ Alisar con espátula de pastelería o similar para que su parte superior acabe lisa.
- ➢ Espolvorear con cacao en polvo

<u>Para el helado de toffee (6 personas)</u>

• Azúcar	200g
• Agua	40ml
• Zumo de limón	4 Gotas
• Mantequilla	30g
• Nata	500ml
• Goma xantana	3g o 3 hojas de gelatina

<u>ELABORACIÓN</u>

- ➢ Elaborar un caramelo oscuro con el azúcar, el agua, y las gotas de limón.
- ➢ Apartar del fuego y añadir la mantequilla
- ➢ Añadir la nata y volver a poner al fuego durante 3 minutos.
- ➢ Apartar y añadir la goma xantana y triturar con batidora o añadir en caliente las hojas de gelatina previamente hidratadas en agua fría.
- ➢ Dejar enfriar hasta temperatura ambiente y congelar en heladora.
- ➢ Opcional: Si no tenemos heladora, debemos introducir en congelador y darle vueltas con una espátula cada 20 minutos hasta que adquiera cuerpo semirrígido.

<u>Para el coulis de Pedro Giménez (6 Personas)</u>

• Pedro Ximenez	500ml
• Maicena	10g

<u>ELABORACIÓN</u>

- ➢ Apartar 100ml de PX y diluir en él la maicena
- ➢ Hervir los otros 400ml de PX

- Añadir el primer paso al segundo
- Remover con varilla hasta que espesa un poco
- Enfriar en cámara

Para la almendra garrapiñada (6 Personas)

- Almendra en grano 100g
- Azúcar 50g

ELABORACIÓN

- Colocar el azúcar en una sartén a fuego medio.
- Espolvorear poco a poco azúcar, sin añadir todo de golpe, sin parar de mover lentamente
- Conforme se pega el azúcar a la almendra, espolvoreamos más y seguimos moviendo, hasta que hayamos espolvoreado todo y obtengamos granos de almendra
- oscuros por la caramelización del azúcar..

COULANT DE CHOCOLATE

INGREDIENTES

- Azúcar 200g
- Huevos 12
- Cobertura de chocolate 500g
- Mantequilla 500g
- Yemas 12
- Harina floja 200g

ELABORACIÓN

- Montar los huevos con el azúcar hasta que triplique su volumen
- Mientras tanto se monta:
- Fundir la mantequilla con el chocolate al baño María lentamente.
- Añadir las yemas fuera del baño María.
- Mezclar lentamente con varilla o lengua sin dar golpes y sin que se baje
- Embutirle la harina tamizada lentamente
- Poner la mezcla con ayuda de una manga pastelera dentro de flanera forrada con mantequilla y harina.
- Hornear a 200°C entre 8 y 12 minutos.
- Hornear uno para comprobar minutos exactos para que salga líquido por dentro.
- Servir caliente y espolvorear con azúcar glass

CREMA CATALANA

INGREDIENTES

- Leche perfumada con vaina de vainilla 1L
- Huevos 6
- Azúcar 200g
- Maicena para espesar 30g
- Azúcar para quemar 50g

ELABORACIÓN

- Mezclar la Leche perfumada, los huevos y el azúcar y cocer a fuego medio.
- Cuando espese por el efecto del huevo añadir la maicena previamente diluida en un poco de leche fría y esperar cociendo un poco mas hasta que espesa ligeramente un poco más.
- Volcar en recipientes y dejar enfriar.
- Espolvorear con azúcar y quemar con quemador de crema catalana o con soplete.

CREMOSO DE CHOCOLATE BLANCO

INGREDIENTES

- (No lleva azúcar porque el chocolate blanco lleva azúcar y leche en polvo)
- Café expreso 300 g
- Chocolate blanco 31% cacao total 700 g
- Gelatina 2g

ELABORACIÓN

- Hidratar la gelatina.
- Calentar el café, añadir gelatina.
- Añadir el chocolate blanco.
- Dejar enfriar en nevera.

CREMOSO DE CHOCOLATE NEGRO

INGREDIENTES

- Leche entera 415g
- Nata 45g
- Yemas 90g
- Azúcar 45g
- Cobertura de chocolate negro 71 % cacao de origen 400g

ELABORACIÓN

- ➢ Calentar leche, nata y azúcar, hervir, añadir yemas a temperatura ambiente y mover (crema inglesa), añadir chocolate.
- ➢ Dejar enfriar en nevera.

CREPPES SUZETTES

INGREDIENTES

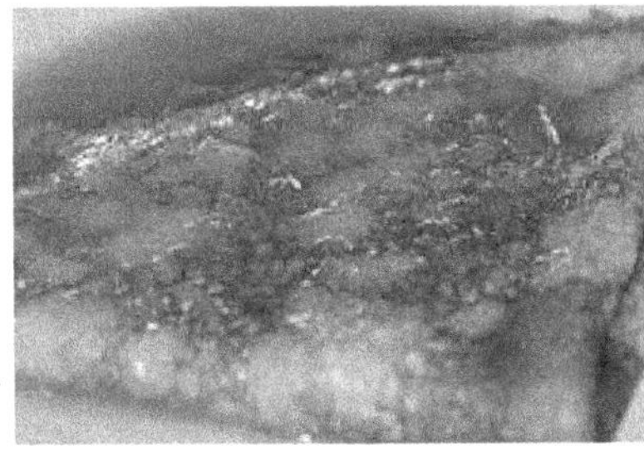

- Harina gran fuerza 100g
- Azúcar 40g
- Mantequilla 30g
- Huevos 2
- Leche 250ml
- Ralladura
- Coñac 1 copa

ELABORACIÓN

- Mezclar todo con varilla y pasar por colador chino
- Calentar sartén engrasando con trozo de tocino pinchado con tenedor o con mantequilla, (el primer creppe se desecha porque es el que absorbe el exceso de grasa).
- Poner cantidad de mezcla en sartén muy justa, como para necesitar extenderla moviendo la sartén con giro de muñeca para que se extienda.
- Dar la vuelta con los dedos ayudándonos de agua fría en un vaso para mojar los dedos y no quemarnos.

PARA EL SUZETTE

- Fondear zeste de naranja en juliana muy fina, con mantequilla en sartén, blanqueando un poco.
- Añadir coñac y flambear.
- Poner azúcar y mover con paleta.
- Añadir zumo de naranja, hervir, e introducir los creppes en la salsa caliente doblando cada uno en cuatro, de manera que se queda la forma de triángulos

ESPUMA DE NARANJA

INGREDIENTES

- Agua 250ml
- Lecitina de soja 3g
- Zumo de naranja 350ml

ELABORACIÓN

- Mezclar en recipiente de acero.
- Con batidora con pie de acero si es posible realizar movimiento levantando espuma hacia arriba, colocando alrededor del recipiente plástico film para que no salpique.

FLAN

- La batida de flan nos servirá para múltiples aplicaciones ya que podremos elaborar flanes, pudding o multitud de cremas teniendo como referencia lo más importante, que por cada litro de leche necesitamos 8 huevos para que cuaje al cocerse en un molde y entre 200 y 250gr de azúcar según el dulzor deseado.
- Como aromatizante siempre usamos canela en rama y trozo de piel de limón llamada CESTE, sin la parte blanca que es lo que nos hace que se amargue nuestra mezcla al aportarle calor.

1) Perfumar o aromatizar la leche con la canela en rama y el ceste de limón.
2) Mezclar en frio los huevos y el azúcar
3) Añadir la leche a la mezcla de huevo lentamente, pasando por colador chino y moviendo con varilla rápidamente para que no se cuaje.

PARA FLAN DE HUEVO

- Verter la batida de flan en flanera previamente forrada con caramelo (acaramelada) en su fondo
- Introducir las flaneras en rustidera con agua.
- Introducir la rustidera en el horno a 160 grados Centígrados
- Sacar del horno una vez estén cuajados (entre 30 y 45 minutos), no se deben de dorar mucho en la superficie.
- Dejar enfriar sin tapar.
- Para desmoldar, introducir puntilla alrededor para despegar de las paredes

FLAN DE AZAHAR

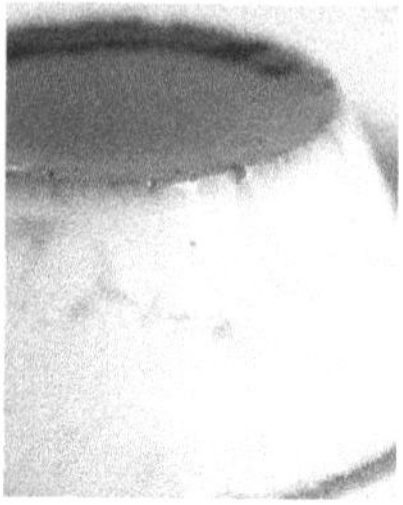

INGREDIENTES

- Nata de cocinar 25%MG 1L
-
- Vaina de vainilla
- Azúcar 200g
- Agua de azahar 50ml
- Hojas de gelatina 8
- Caramelo
- Caramelo 300g

ELABORACIÓN

- Calentar la nata para perfumar con la vainilla.
- Añadir el azúcar y el agua de azahar.
- Añadir las hojas de gelatina previamente hidratadas.
- Introducir en moldes previamente encamisados con caramelo

FLAN DE QUESO

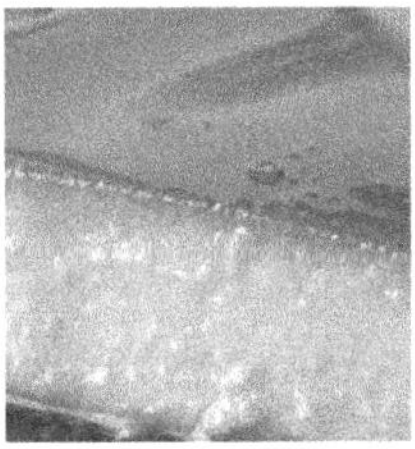

INGREDIENTES

- Huevos 8
- Azúcar 100g
- Leche condensada 250g
- Leche 500ml
- Vainillina una pizca
- Queso Philadelphia 250g

ELABORACIÓN

- Forrar el fondo del molde con caramelo.
- Mezclar los ingredientes e introducir en los moldes.
- Hornear a baño maría entre 30 y 40 minutos a 160°C.

GOXUA

- Tarta individual hecha con el papel de acetato formando un aro (plástico) o presentado en vaso.
- Postre vasco hecho con varias capas, bizcocho, nata, bizcocho y crema pastelera quemada con azúcar.
-

GRANIZADO DE LIMÓN

INGREDIENTES

- Ceste de 3 limones
- Zumo de limón 250g
- Agua 750g
- Azúcar 200g

ELABORACIÓN

- Calentar el agua con el azúcar y el ceste de limón.
- Retirar el ceste y añadir el zumo de limón.
- Enfriar a 4°C.
- Meter en manteadora o graniza dora.
- Servir en copa semilíquido.

HELADO DE CARAMELO

INGREDIENTES

• Leche	1L
• Dextrosa	40g
• Nata	100g
• Goma xantana	7g
• Azúcar	250g
• Leche en polvo desnatada	35g
• Yemas	100g

ELABORACIÓN

- Blanquear yemas con la mitad del azúcar.
- Por otro lado poner el azúcar a cocer con unas gotas de limón para hacer el caramelo.
- Añadir la leche caliente encima del caramelo.
- Añadir todo a esta mezcla anterior.
- Calentar a 82°C.
- Enfriar a 4°C
- Madurar de 6 a 12h.
- Batir.
- Mantecar
- Si se desea añadir ingredientes sólidos como galleta troceada, se añadirá justo antes de retirar de la mantecadora.

HELADO DE CHOCOLATE

INGREDIENTES

- Leche 1L
- Azúcar 400g
- Dextrosa 75g
- Chocolate 250g
- Goma xantana 8g

ELABORACIÓN

- Hervir la leche con la dextrosa y el azúcar.
- Agregar el chocolate.
- Agregar la goma xantana y meter en thermomix o batidora hasta que espese.
- Poner en la heladera

HELADO DE CHOCOLATE (Con cacao en polvo)

INGREDIENTES (Para 2kg)

• Leche entera	980g
• Leche en polvo desnatada	32g
• Sacarosa	100g
• Yemas	40g
• Nata	248g
• Cacao en polvo	120g
• Goma xantana	10g
• Azúcar invertido	440g

ELABORACIÓN

- Unir leche y nata, y añadir poco a poco la leche en polvo y el cacao, batiendo.
- Calentar a 40°C y añadir el azúcar, la goma, azúcar invertido y yemas.
- Calentar a 85°C y triturar o batir.
- Enfriar a 4°C.
- Madurar de 6 a 12h
- Batir.
- Mantecar.
- Si se desea añadir pepitas de chocolate, se mezcla justo antes de sacar de la mantecadora.

HELADO DE CHOCOLATE CON LECHE

INGREDIENTES

- Agua 451g
- Leche en polvo 40g
- Yemas 20g
- Chocolate con leche 185g
- Nata 150g
- Sacarosa 40g
- Azúcar invertido 110g
- Goma xantana 4g

ELABORACIÓN

- Mezclar el agua, la leche en polvo, la nata.
- Calentar a 40°C añadiendo la sacarosa, la goma, el azúcar invertido y las yemas.
- Calentar hasta 80°C y añadir la cobertura con leche troceada esperando a que se derrita.
- Enfriar a 4°C
- Madurar de 6 a 12h
- Pasar por batidora otra vez.
- Mantecar.
- Si se desea añadir cobertura con leche troceada, se hará justo antes de retirar de la mantecadora.

HELADO DE FRAMBUESA

INGREDIENTES (Para 2kg)

- Pulpa de fresa 1kg
- Agua 930g
- Sacarosa 390g
- Dextrosa 240g
- Goma xantana 12g

ELABORACIÓN

- Calentar agua a 40°C y añadir todos los ingredientes.
- Batir.
- Enfriar a 4°C
- Madurar de 6 a 12h
- Mantecar
- Si se desea añadir frambuesa deshidratada o frutos rojos, se añadiría justo antes de retirar de la mantecadora.

HELADO DE MANGO

INGREDIENTES

- Pulpa de mango 1kg
- Agua 960g
- Sacarosa 360g
- Dextrosa 240g
- Goma xantana 12g

ELABORACIÓN

- Mezclar el agua con todos los ingredientes calentando a 40°C
- Enfriar a 4°C
- Madurar de 6 a 12h
- Pasar por batidora otra vez.
- Mantecar.

HELADO DE STRACCIATELLA

INGREDIENTES (Para 1kg sin contar la cobertura)

• Nata	172g
• Leche entera	567g
• Azúcar invertido	26g
• Goma xantana	6g
• Leche en polvo desnatada	42g
• Dextrosa	137g
• Sacarosa	50g
• Cobertura negra	150g

ELABORACIÓN

- Mezclar nata, leche en polvo, leche, dextrosa y azúcar invertido.
- Calentar hasta 40ºC y añadir la sacarosa y la goma.
- Triturar.
- Llevar a 85ºC.
- Enfriar a 4ºC.
- Madurar de 6 a 12h.
- Pasar por batidora otra vez.
- Mantecar.
- Justo antes de retirar, añadir la cobertura fundida a hilo fino.

HELADO DE TURRÓN

INGREDIENTES

• Crema inglesa	1L
• Turrón liquido	200 o 400g
• Dextrosa	75g
• Goma xantana	8g

ELABORACIÓN

- Mezclar y triturar para que haga su efecto la goma.
- Helar

HELADO DE VAINILLA

INGREDIENTES

• Leche	1L
• Dextrosa	40g
• Nata	100g
• Goma xantana	7g
• Azúcar	250g
• Leche en polvo desnatada	35g
• Yemas	100g
• Vainas de vainilla	2

ELABORACIÓN

- Blanquear las yemas con la mitad del azúcar.
- Poner la leche y nata a calentar a 40°C añadiendo el resto de ingredientes batiendo con batidora.
- Verter esta mezcla sobre las yemas y calentar a 82°C
- Enfriar.
- Madurar de 6 a 12h
- Mantecar.
- Si se desea añadir elementos sólidos picados se añade justo antes de retirar el helado de la mantecadora.

LECHE FRITA

INGREDIENTES

- Leche 1L
- Canela en rama
- Ceste de limón
- Azúcar 200g
- huevos 4
- Harina 120g
- Maicena 50g
- (Para rebozar) 200g Harina fuerte 2 Huevos
- (Mezclados para emborrizar) 300g Azúcar con canela en polvo

ELABORACIÓN

- Perfumar la leche con canela en rama y ceste de limón.
- Mezclar en frio la harina, azúcar, maicena y huevos.
- Añadir la leche colada por un chino.
- Cocer todo junto hasta que espese
- Poner en molde cuadrado o rectangular de manera que quede con unos 3cm de alto.
- Dejar enfriar.
- Desmoldar y cortar en cuadrados.
- Pasar por harina y huevo, y freír.
- Pasar por azúcar y canela en polvo mezclados previamente

MANZANAS BUENA MUJER

INGREDIENTES

- Manzanas
- Canela en rama
- Azúcar
- Brandy
- Crema pastelera
- Azúcar para quemar

ELABORACIÓN

- Lavar y descorazonar las manzanas
- Poner sobre bandeja con papel de horno
- Introducir pequeño trozo de canela en rama dentro del hueco de la manzana,
- junto con el azúcar y chorreón de brandy.
- Hornear a 200°C
- Dejar enfriar y sacar rama de canela
- Introducir con manga crema pastelera hasta acabar encima de ella con un buen circulo, para espolvorear azúcar y quemar con quemador de crema catalana.

MARQUESA DE CHOCOLATE

INGREDIENTES

• Coñac	1 Cucharada
• Claras	5
• Yemas	5
• Mantequilla	150g
• Azúcar glass	
• Cobertura chocolate	300g

ELABORACIÓN

- Fundir la mantequilla y la cobertura, añadir las yemas y el coñac, montar las claras con el azúcar glass y embutírsela a la mezcla anterior.
- Poner en moldes forrados con mantequilla y azúcar y congelar para desmoldar mejor.

MOUSSE DE AVELLANA, ALMENDRA, PISTACHO

INGREDIENTES

- Frutos secos 500g
- Caramelo 500g
- Crema pastelera 500ml
- Nata de montar 35%Mg 2L
- Azúcar 400g

ELABORACIÓN

- Hacer el caramelo e introducir los frutos secos para que se tuesten dentro del caramelo.
- Introducir la crema pastelera, mover, añadir un poco de leche para ayudar a la batidora a triturar correctamente.
- Triturar
- Dejar que se ponga la mezcla a temperatura ambiente.
- Montar la nata con sus 400gr de azúcar
- Embutir poco a poco la crema, caramelo y frutos secos a la nata montada con ayuda de una varilla o una lengua.

MOUSSE DE BISCUIT GLACÉ Y CHOCOLATE BLANCO

INGREDIENTES

- Nata 450 g
- Huevos 3 unidades
- Azúcar 120 g
- Agua 35 g
- Chocolate blanco 500 g
- Gelatina 10 g

ELABORACIÓN

- Montamos la nata y la reservamos en nevera (debe estar semimontada).
- Montamos los huevos junto con el almíbar que realizaremos con el agua y el azúcar (esta mezcla montada se denomina Biscuit glacé).
- Fundiremos el chocolate a unos 34°C máximo y lo mezclaremos con el biscuit glacé, hidrataremos las hojas de gelatina en agua fría durante 4 minutos y las añadimos a la mezcla anterior.
- Una vez mezclado el biscuit glacé, el chocolate y la gelatina, le incorporaremos la nata mezclando suavemente para que no se nos baje la emulsión.
- Una vez mezclado ya podemos rellenar nuestros moldes y decorar con frutos rojos.

MOUSSE, SEMIFRIO O CARLOTA DE MANGO

INGREDIENTES

- Puré de mango 1L
- Hojas de gelatina 6
- Nata 1L
- Azúcar 200g

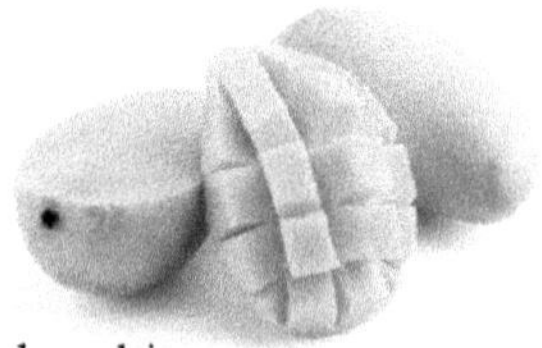

ELABORACIÓN

- Triturar el mango y pasarlo por un colador chino
- Ponerlo a 50°C aproximadamente (Caliente sin que queme)
- Hidratar las hojas de gelatina en agua fría
- Añadir la gelatina escurrida al puré de mango y dejar que se deshaga poco a poco.
- Dejar que se ponga a temperatura ambiente sin meter en frio
- Embutir poco a poco con ayuda de una lengua la mezcla anterior, a la nata previamente montada con el azúcar.

OBSERVACIONES

a) Si usamos mix vegetal, seguramente no haya que añadirle azúcar porque ya viene añadida.
b) Si usamos nata de montar, usaremos una que tenga al menos 35% de materia grasa (35%MG), agitándola antes de usar.

PARA EL MOUSSE

- Escudillar con manga y boquilla rizada sobre vaso o copa de presentación

PARA EL SEMIFRÍO

- Colocar o escudillar sobre molde encamisado con mantequilla y azúcar

PARA LA CARLOTA

- Igual que el semifrío pero añadiendo una base de bizcocho. Colocar en la parte de arriba del molde para que al desmoldar se quede como base.

MOUSSE DE TRES CHOCOLATES

CAPA BLANCA

- Leche 125g
- Nata 125ml
- Azúcar 25g
- Yemas 40g
- Cobertura blanca 600g
- Gelatina 7g
- Nata semimontada 1 kg

CAPA NEGRA

- Leche 125 g
- Nata 125 ml
- Azúcar 25g
- Yemas 40g
- Cobertura negra 70 % 315g
- Gelatina 7g
- Nata semimontada 500g

CAPA DE CHOCOLATE CON LECHE

- Leche 125g
- Nata 125ml
- Azúcar 25g
- Yemas 40g
- Cobertura blanca 600g
- Gelatina 7g
- Nata semimontada 900g

ELABORACIONES

(En todos los casos se realiza igual)

- ➢ Realizar una crema con la leche, nata, azúcar y yemas al baño maría.

- Añadir la cobertura fuera del baño María.
- Añadir las hojas de gelatina previamente hidratadas.
- Dejar atemperar a temperatura ambiente.
- Embutir poco a poco a la nata semimontada
- Montar capas, congelar, desmoldar y cubrir con glaseado

NATILLAS

INGREDIENTES

- Leche 1L
- Ceste de limón ½
- Canela en rama 1
- Huevos 6
- Azúcar 200g

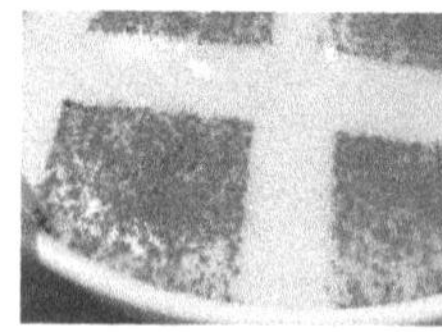

ELABORACIÓN

- Perfumar la leche con canela y piel de limón sin la parte blanca, sin que llegue a hervir.
- Mezclar con el resto de ingredientes pasando la leche previamente por un colador
- Poner a fuego lento sin parar de mover con varilla lentamente hasta que espese.
- Volcar sobre recipiente y dejar enfriar
- Opcionalmente podemos poner canela en su superficie o una galleta

PANACOTTA DE QUESO CREME

INGREDIENTES

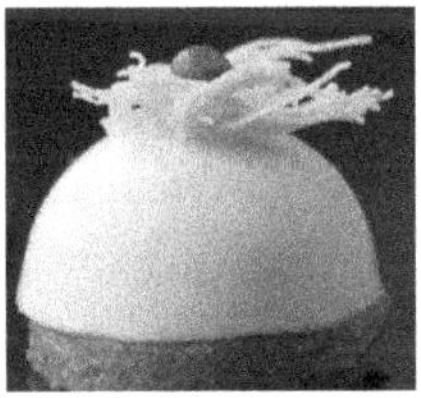

- Nata de cocinar 1L
- Queso Philadelphia 300gr
- Azúcar 250g
- Vaina de vainilla
- Hojas de gelatina 7

ELABORACIÓN

- Calentar nata con el queso y azúcar.
- Abrir vaina, raspar y poner todo dentro de la mezcla anterior.
- Calentar lentamente hasta que todo quede líquido.
- Añadir las hojas de gelatina previamente hidratadas y muy escurridas
- Volcar sobre molde
- Introducir con manga pastelera o jeringa un coulis (salsa dulce) de frambuesa, fresa, mora o arándanos.

PANQUÉ DE CALABAZA

INGREDIENTES

- Puré de calabaza cocida 400-500g
- Coco rallado 150g
- Harina 75g
- Mantequilla en pomada 100g
- Huevos 3
- Levadura química, impulsor, gasificante o levadura royal 16g
- Cáscara de limón rayado 1
- Ron 1 cucharada

ELABORACIÓN

- Montamos los huevos con el azúcar, añadir a hilo fino la mantequilla derretida.
- Embutir la harina y la levadura, y los demás ingredientes (Puré de calabaza, coco rallado, ralladura de limón y el ron.

PERAS AL VINO TINTO

INGREDIENTES

- Peras 1kg
- Vino tinto de cocinar 1L
- Azúcar 200g
- Canela en rama 1
- Piel de limón ½
- Piel naranja ½

ELABORACIÓN

- Pelar las peras
- Introducir todos los ingredientes juntos y hervir hasta lograr una pera cocida completamente, de color morado, y líquido concentrado

PERFECTO DE PISTACHO

INGREDIENTES

• Yemas	250g
• Agua	125g
• Nata	1L
• Azúcar	300g
• Pasta de pistacho	250g

ELABORACIÓN

- Hacer almíbar a 121°C con el azúcar y el agua.
- Montar las yemas añadiendo a hilo fino el almíbar.
- Añadir la pasta de pistacho y la nata semimontada.
- Colocar en molde con base de bizcocho.
- Congelar.

PIONONOS DE SANTAFÉ

INGREDIENTES

- Plantilla de bizcocho de 3 huevos
- Crema pastelera 250ml
- Jarabe denso ¼ L agua x ½ kg azúcar

ELABORACIÓN

- Elaborar la plantilla de bizcocho para enrollados pequeños.
- Enfriar.
- Extender crema pastelera con espátula de pastelería por el lado más oscuro de la plantilla, dejando el lado poroso hacia abajo, que será esta última la que irá por fuera.
- Cortar en pequeños petate y bañar en el jarabe ya frío.
- colocar los mini cilindros hacia arriba.
- Escudillamos con manga un poco de crema encima de cada uno.
- Espolvorear azúcar para quemar con el quemador de crema catalana (espolvoreamos justo el que vayamos a quemar en el momento porque sino lo absorbe la crema.

-

QUESADA ARAGONESA

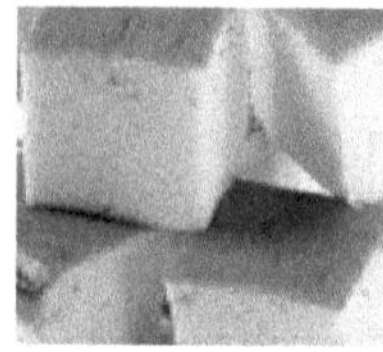

INGREDIENTES

• Requesón	500g
• Huevo	350g
• Azúcar	150g
• Ralladura de piel	1 Limón

ELABORACIÓN

- Mezclar los ingredientes.
- Cocinar al horno, en baño maría a 160ºC 1 hora aproximadamente.

SABAYÓN DE NARANJA

INGREDIENTES

- Yema de huevo 320g
- Azúcar 200g
- Licor de naranja 50g

ELABORACIÓN

- Cocer al baño maría las yemas con el azúcar sin dejar de remover hasta que llegue a 72°C.
- Retirar y montar añadiendo a hilo fino el licor.
- Enfriar, servir en copa y congelar.

SALSA DE TOFFEE

INGREDIENTES

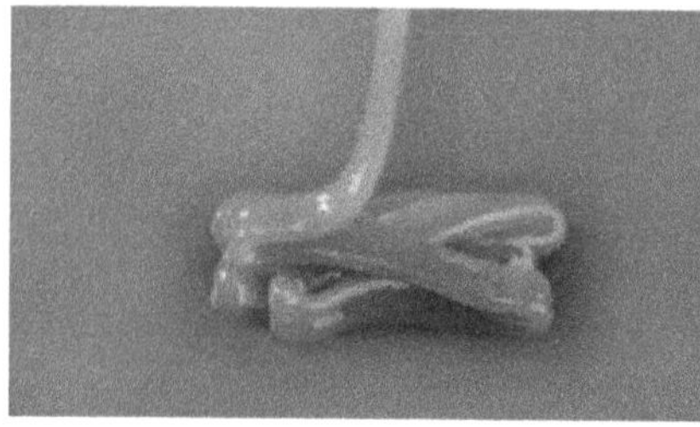

- Azúcar 500g
- Agua 100g
- Limón 6 Gotas
- Mantequilla 50g
- Nata de cocinar 500ml

ELABORACIÓN

- Hacer caramelo rubio con el azúcar, agua y limón.
- Apartar del fuego y añadir la mantequilla esperando a que se deshaga por efecto del calor.
- Añadir la nata y hervir 2 minutos

SHERRY TRIFLE

INGREDIENTES

- Plantilla de bizcocho
- Crema inglesa
- Frutos rojos
- Nata montada

ELABORACIÓN

- ➢ Montar una tarta por capas colocando plantilla de bizcocho, crema inglesa o natillas y frutos rojos, varias veces.
- ➢ En la superficie de arriba escudillar con manga y boquilla rizada nata montada.

Se puede montar con forma de tarta o en copa.

SORBETE DE LIMÓN

INGREDIENTES (Para 2kg)

• Agua	1030g
• Dextrosa	200g
• Zumo de limón	550g
• Sacarosa	210g
• Goma xantana	10g
• Ralladura de piel	2 limones

ELABORACIÓN

- ➢ Calentar el agua a 40°C.
- ➢ Añadir todos los ingredientes excepto la ralladura y batir.
- ➢ Añadir la ralladura y calentar a 82°C
- ➢ Enfriar a 4°C Madurar de 6 a 12h. Mantecar.

TARTA SACHER

- Bizcocho Sacher
- Calado con un jarabe de curasao.
- Mermelada de albaricoque
- Mousse de chocolate o trufa fría.
- Trufa caliente por encima

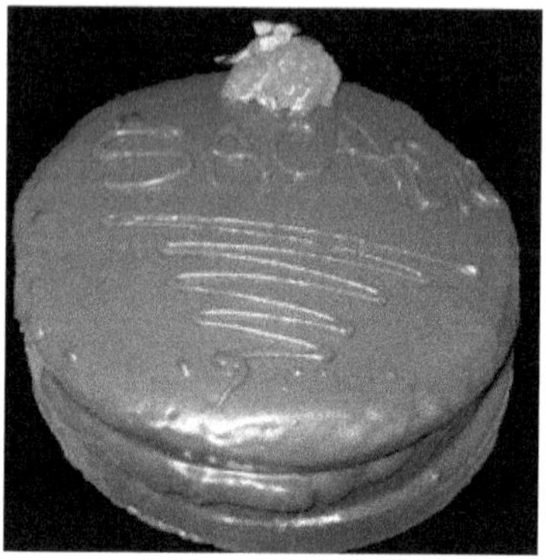

TARTA SELVA NEGRA

- Bizcocho Sacher
- Calado con un jarabe de ron
- Mermelada de cereza
- Nata interior
- Nata por encima
- Cerezas para decorar
- Chocolate en virutas para decorar

TARTA DE QUESO CASERA

INGREDIENTES

Base

- Galletas 18
- Huevo 1
- Mantequilla en pomada 50g

Crema de queso

- Huevos 3
- Yogures 2
- Queso fresco de 250g
- Azúcar 125g

Superficie

- Mermelada de frutos del bosque o de fresa

ELABORACÍON

- Picar las galletas y mezclar con la mantequilla en pomada y el huevo.
- Extender sobre molde encamisado con mantequilla y harina colocando en el fondo papel de horno para ayudar al desmoldado.
- Hornear a 180°C 5 minutos.
- Sacar del horno y volcar la mezcla de crema dentro del molde donde está la masa base.
- Hornear a 160°C.
- Sacar del horno y dejar enfriar, desmoldar, cubrir con la mermelada.

TARTA DE QUESO CON YOGUR

INGREDIENTES

• Queso Philadelphia	500g
• Azúcar 14 cucharadas	140g
• Maicena	60g
• Yogur de limón	3

ELABORACIÓN

- Forrar el molde con mantequilla y harina.
- Mezclar todos los ingredientes en batidora, Thermomix o similar
- Verter en molde
- Hornear a 180º unos 50 min aprox.

TARTA DE QUESO FRÍA (SIN COCCIÓN)

INGREDIENTES

• Nata	1L
• Hojas de gelatina	7
• Azúcar	250g
• Queso Philadelphia	400g
• Vaina de vainilla	

ELABORACIÓN

- Calentar la nata con el azúcar, la vainilla y el queso, sin que hierva.
- Si quedan grumos meter batidora.
- Sumergir las hojas de gelatina en abundante agua fría hasta que estén blanditas, escurrir bien y añadir a la mezcla anterior.
- Poner en molde y dejar enfriar.

TARTA DE SANTIAGO

INGREDIENTES

- Mantequilla 500g
- Azúcar 450g
- Azúcar de vainilla 1 Pizca
- Huevos 500g
- Azúcar invertido o miel 50g
- Harina de almendra 1kg

ELABORACIÓN

- Dejar la mantequilla a temperatura ambiente.
- Montar la mantequilla en pomada con el azúcar y azúcar de vainilla hasta que se ponga casi blanca.
- Ir añadiendo poco a poco los huevos dejando montar poco a poco a gran velocidad para que no se baje la mantequilla.
- Añadir el azúcar invertido poco a poco.
- Añadir por último la harina de almendra embutiendo con la mano fuera de la maquina montadora.
- Verter sobre molde forrado con mantequilla y harina, o papel de horno, o spray desmoldante.
- Hornear a 160ºC sin abrir el horno.
- Espolvorear con azúcar glas y dibujar la cruz de Santiago con colador y canela en polvo.
- Esto último se hace con un folio dibujando la cruz y recortándola desechando el interior, de manera que se me queda el hueco con la forma de la cruz para poner sobre la tarta y espolvorear.

TIRAMISÚ

INGREDIENTES

- Plantilla de bizcocho de 3 huevos
- Calado de cacao y café (250ml Agua, 50gr Azúcar, canela en rama, piel de limón, chorro de brandy, cucharadita de cacao en polvo, cucharadita de café soluble)
- Nata de montar (35% MG) 500ml
- Queso mascarpone 100g
- Hojas de gelatina 2
- Azúcar 120g
- Yemas pasteurizadas 4
- Cacao en polvo para espolvorear superficie

ELABORACIÓN

- Encamisar un molde de pudding con mantequilla y azúcar.
- Preparar una mousse de queso:
- Montar la nata, montar las yemas con el azúcar, embutir esta última en la nata y reservar en frio.
- Mezclar el queso con un poco de nata para diluirlo, calentar un poco y añadir las hojas de gelatina previamente hidratadas. Dejar a temperatura ambiente y embutirlo a la mezcla anterior con cuidado que no se baje.
- introducir en manga pastelera para poder rellenar los moldes correctamente.
- Llenamos hasta la mitad y ponemos plantilla de bizcocho calándolo con el calado de cacao y café.
- Seguimos llenando hasta casi la superficie, colocando encima la otra capa de bizcocho, calándolo este en menor medida que el anterior.
- Introducir en cámara 12 horas y desmoldar posteriormente.

TOCINO DE CIELO

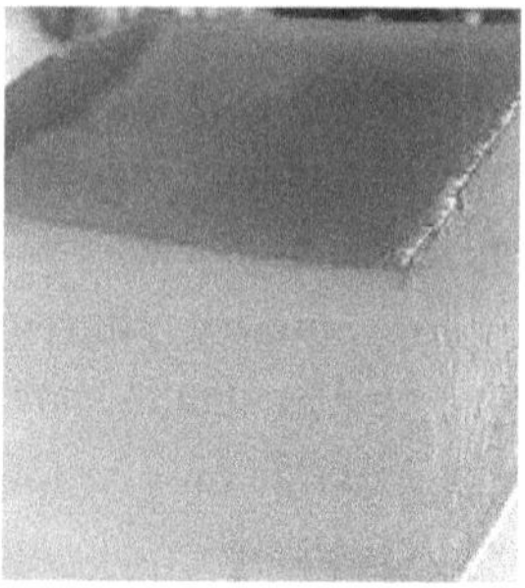

INGREDIENTES

- Yemas de huevo 24
- Huevos 6
- Azúcar 1kg
- Agua 500 g

ELABORACIÓN

- Untar los moldes con glucosa o con caramelo
- Confeccionar un almíbar hasta que alcance el punto de hebra 105°C.
- Mezclar los huevos y las yemas.
- Adicionar el almíbar a lo anterior poco a poco.
- Pasar por un chino y verter en los moldes.
- Se pueden cocer al vapor o bien al B.M. en el horno a 180°C.

TORRIJAS O GALLETAS FRITAS

INGREDIENTES

- Galletas 1 paquete o Pan de molde de 1kg
- Crema pastelera 1L
- Leche perfumada con canela y limón 1L
- Harina y huevo para rebozar
- Azúcar y canela para emborrizar, o Miel gelificada.

Para la miel gelificada:

- Miel 500g
- Agua 250ml
- Agar agar 4g

ELABORACIÓN

- Cortar rodajas de pan de molde, hacer sándwich con relleno de crema pastelera, o realizar igual con las galletas (Rellenar con crema)
- Pasar por leche perfumada templada.
- Pasar por harina y huevo y freímos.
- En caliente pasar por azúcar y canela, en el caso de pasar por la miel gelificada, realizarlo con la torrija o galleta ya a temperatura ambiente, introduciendo en la miel gelificada caliente, ya que a 40ºC ya gelifica y se pone sólida

Elaboración para la miel gelificada:

- Calentar la miel con el agua
- Añadir el agar-agar y remover.
- Hervir 30 segundos y dejar que enfríe un poco hasta 50ºC y ya está lista para sumergir las torrijas.
- Si se enfría volver a calentar para que vuelva a estado líquido

LICORES

BAILEYS

INGREDIENTES

- 370gr Leche condensada
- 100gr Whisky
- 60gr Café solo recién hecho
- Una pizca de Azúcar avainillada

ELABORACIÓN

➢ Mezclar con batidora y enfriar

GUARAPO DE PIÑA

INGREDIENTES

- 1 Piña grande madura (Usaremos solo la piel)
- 2 Litros de agua mineral
- ½ Taza de panela molida (O cualquier endulzante al gusto)
- 2 Dátiles

ELABORACIÓN

- ➢ Mezclar bien el agua con la panela y añadimos la piel de la piña, dejar fermentar en un bote 4 días, abriéndolo de vez en cuando para dejar salir los gases, o dejar la tapadera si terminar de cerrar..
- ➢ Colar e introducir en una botella con 2 dátiles durante 1 día más y dejar carbonatar. Refrigerar

LICOR DE AGUACATE

INGREDIENTES

- 1 litro de aguardiente
- 1 kilo de aguacates canarios maduros.
- 3/4 Kilo de azúcar

ELABORACIÓN

- Se pelan los aguacates y retira el hueso.
- Luego se parten en trozos.
- Se pone el aguardiente en un bote de tapa ancha y cierre hermético.
- Se incorporan los aguacates partidos al bote.
- Se añade el azúcar.
- Dejamos macerar durante 30 días.

LICOR IRLANDÉS

INGREDIENTES PARA 2 BOTELLAS

- 2 cucharadas de café instantáneo
- 2 cucharaditas de azúcar
- ½ litro de agua
- 1 lata de leche condensada
- 1 cucharadita de vainilla
- 1 taza de whisky
- ½ taza de aguardiente blanco.

ELABORACIÓN

- En un cazo ponemos el café, el agua y el azúcar y calentamos hasta que se disuelva,
- dejamos enfriar y le incorporamos la leche condensada, mezclando muy bien hasta
- diluirla. Agregamos la vainilla y removiendo los licores. Ayudados por un embudo
- esterilizado, verteos en botellas también limpias esterilizadas y secas, cerramos con
- un corcho y dejamos estacionar al menos 15 días.

RESOLÍ

INGREDIENTES

- 100gr Café molido
- 1 Rama de canela
- Corteza de 2 limones y 2 naranjas
- 3L Agua
- 1 Clavo
- 1,5L Anís seco
- 2Kg Azúcar

ELABORACIÓN

- ➢ Hacer el café con 2 Litros de agua
- ➢ Añadir el clavo, anís y el azúcar hecho caramelo
- ➢ Hervir 25 minutos.
- ➢ Reposar 1 hora

LICOR PARA RELLENAR BOMBONES

INGREDIENTES

- Azúcar 500g
- Glucosa (116°C) 150g
- Agua 150g
- Licor 150g

ELABORACIÓN

- Hervir el agua y los azúcares, para conseguir un almíbar a 32° B (Hebra floja 105°C), dejar reposar unas 12 h., y añadir el licor que deseemos, rellenar y tapar.

Lightning Source UK Ltd.
Milton Keynes UK
UKHW020803140422
401564UK00009B/470

9 780244 841423